Konzepte der Humanwissenschaften

Françoise Dolto
Scheidung · Wie ein Kind sie erlebt

Françoise Dolto im Gespräch
mit Inès Angelino

Klett-Cotta

Verlagsgemeinschaft Ernst Klett Verlag –
J. G. Cotta'sche Buchhandlung
Aus dem Französischen übersetzt von Sabine Mehl
Die Originalausgabe erschien unter dem Titel
»Quand les parents se séparent«
bei Éditions du Seuil, Paris

Printed in Germany
Umschlag: Klett-Cotta-Design
Im Filmsatz gesetzt aus der Century
von Hans Janß, Pfungstadt
Auf säurefreiem und holzfreiem Werkdruckpapier
im Offset gedruckt
von Gutmann + Co, Heilbronn
Gebunden von Seiser, Unterjettingen

CIP-Titelaufnahme der Deutschen Bibliothek

Dolto, Françoise:
Scheidung – wie ein Kind sie erlebt: Françoise Dolto im Gespräch mit Inès Angelino / Françoise Dolto. [Aus d. Franz. übers. von Sabine Mehl]. – Stuttgart : Klett-Cotta, 1990
(Konzepte der Humanwissenschaften)
Einheitssacht.: Quand les parents se séparent <dt.>
ISBN 3-608-95691-3
NE: Angelino, Inès

Inhalt

Zur Einführung

Dieses Buch ist kein Essay über psychoanalytische Technik und enthält keine Fallstudien; doch alles, was ich hier vorbringe, beruht auf meiner klinischen Erfahrung.

Gemeinsam mit mir haben Eltern, deren Ehe gescheitert ist – manchmal sogar mehrere Ehen hintereinander –, die ständig wiederkehrenden Verdrängungen aus ihrer Kindheit analysiert, die mit der Trennung ihrer eigenen Eltern in Zusammenhang standen, mit ihrem Kummer und Leid, über die nicht gesprochen werden durfte. Deshalb wurde dieses Buch für Eltern und für ihre Kinder geschrieben.

Es ist in Interviewform gehalten und wendet sich auch an jene, die innerhalb und außerhalb der verschiedenen »Berufsorganisationen« der Justiz und ihrer Institutionen die »gerichtlichen Verfahren einleiten und durchführen«.

In gewissem Sinn schreibe ich dieses Buch als gewöhnliche Staatsbürgerin, die von Beruf Psychoanalytikerin ist und die, wie man weiß, ein tiefes Interesse daran hat, etwas dagegen zu tun, daß das unbewußte Leiden der Kinder zu Problemen führt; dieses Leiden rührt immer daher, daß Dinge nicht beim Namen genannt oder implizite Lügen ausgesprochen werden, obwohl dies doch angeblich zum »Wohl« des Kindes geschieht.

Françoise Dolto

1 Die Trennung der Eltern und das Unbewußte des Kindes

INÈS ANGELINO: Wenn die Eltern ständig uneins sind, bringt dies das Kind nicht ebenso aus dem Gleichgewicht wie eine Trennung oder eine Scheidung?

FRANÇOISE DOLTO*: Wie sollte ein zerrüttetes Elternhaus, in dem Vater und Mutter ständig streiten, von einem Kind nicht als Bedrohung für seinen inneren Zusammenhalt und für seine Entwicklung empfunden werden? Viele Kinder, die in einer solchen Situation leben, sind voller Angst und fragen ihre Eltern: »Wollt ihr euch scheiden lassen?« Sie möchten wissen, woran sie sind: ob die Eltern sich scheiden lassen oder ob sie zusammen bleiben und weiterhin streiten. Auch Kinder sind logisch denkende Wesen. Deshalb sollten die Eltern ihnen erklären, daß die Verpflichtungen, die die Eltern als Ehepartner gegeneinander haben, etwas ganz anderes sind als die Verpflichtungen, die sie als Eltern ihren Kindern gegenüber haben. Weder eheliches Zerwürfnis noch Trennung noch Scheidung machen das Versprechen hinfällig, die Kinder großzuziehen. Die Scheidung legalisiert den Zustand der Zerrüttung und führt zu einer Befreiung aus der Atmosphäre des Streits sowie zu einem anderen Status der Kinder. Für die letzteren ist die Scheidung zunächst einmal etwas Mysteriöses, doch sollte das nicht so bleiben; tatsächlich ist die Scheidung ja ein legaler Zustand, der auch für die Kinder eine Lösung darstellt. Diese erklärenden Worte könnte ein Arzt oder ein Psychologe sagen, wenn Eltern, deren Ehe eindeutig zerrüttet ist, mit ihren Kindern in die Praxis kommen und zum erstenmal sagen: »Wir lassen uns scheiden.«

Häufig, aber nicht immer, kommt es zur Scheidung, wenn ein

* Die Gesprächsbeiträge von Françoise Dolto werden im folgenden ohne Nennung des Namens wiedergegeben, jene von Inès Angelino sind eingerückt. (Anm. d. Red.)

Dritter* als möglicher neuer Partner auftaucht. Manchmal klärt die Scheidung auch einen Zustand der Zerrüttung, der mit dem Heranwachsen der Kinder immer deutlicher zutage tritt, während diese vergeblich versuchen, die frühere Familienatmosphäre wiederherzustellen. Es kommt auch vor, daß die Heranwachsenden in der Pubertät einem Elternteil offen den Krieg erklären unter dem Vorwand, daß der andere Elternteil nicht glücklich ist. Sie ergreifen dann Partei für den einen oder den anderen. In all diesen Fällen schafft die Scheidung klare Verhältnisse für das Kind, allerdings unter der Voraussetzung, daß all dies deutlich gesagt und der übrigen Familie und den Freunden gegenüber offiziell ausgesprochen wird.

Aus alldem wird deutlich, daß ein Kind sich immer in einer Dreieckssituation mit seinen beiden Eltern befindet. Und bei dieser Gelegenheit möchte ich daran erinnern, daß deine Behandlung seit vierzig Jahren auf der Aktivität und dem Wissen des Säuglings aufbaut – denn wie man inzwischen weiß, ist ein Säugling weder unwissend noch passiv. Deine Theorie und deine Behandlungsmethoden setzen den Akzent nicht auf die Konstellation, die wir »Mutter-Kind-Dyade« nennen, sondern du hebst die Bedeutung der Dreieckskonstellation Mutter-Vater-Kind hervor, die bereits bei der Zeugung des Kindes ihren Anfang nimmt. Du zeigst ja auch immer wieder die Bedeutung der verschiedenen Beziehungsnetze auf, an denen das Kind teilhat.

Der Begriff der Mutter-Kind-»Dyade« stammt von Doktor Berge. Diese enge Zweierbeziehung ist unbestreitbare Realität für die Zeit, in der eine Trennung von der Mutter für den Säugling Lebensgefahr bedeutet.[1]** Es handelt sich dabei um eine Fusion, ein Verschmelzen der beiden Organismen des Kindes und

---

* Der Einfachheit halber wird die grammatikalische Form des Maskulinums verwendet; gemeint sind jedoch beide Geschlechter. (Anm. d. Red.)

** Die hochgestellten Zahlen verweisen auf die Anmerkungen am Schluß des Buches. (Anm. d. Red.)

seiner Mutter, und wenn diese Fusion zerrissen oder auch nur für einige Zeit unterbrochen wird, dann sind die unmittelbaren Folgen vielleicht nicht allzu deutlich, doch langfristig gesehen bleiben unauslöschliche Spuren. In der Psychoanalyse von Erwachsenen finden wir dann die Spuren früher Trennungen, die sich dem Erleben des Kindes als Zeiten großer Gefahr einprägten. In der Dyade setzt sich das fötale Leben noch sieben, acht, maximal neun Monate lang fort. Doch schließt die Dyade die Dreiecksbeziehung Mutter-Vater-Kind keineswegs aus, denn das Kind ist vom Augenblick der Zeugung an ein Pol der Dreiecksbeziehung, die sich in diesem Moment bildet. Tatsächlich ist die Dyade immer auch eine Dreiecksbeziehung. Für das Kind hat die Mutter gewissermaßen »zwei Stimmen«. Im vorgeburtlichen Zustand vernimmt das Kind die Stimme seines Vaters deutlicher als die der Mutter, wenn dieser zur Mutter spricht. Und die Mutter gewinnt für das Kind an Lebendigkeit, wenn der Vater zu ihr spricht.

Ist der Vater ein Mann, der liebevoll und zu Hause stark präsent ist, dann entwickeln viele Kinder die Vorstellung von einer Mutter mit zwei Gehirnen. Immer aber hat die Mutter zwei Stimmen, so wie ich es oben ausgeführt habe, und dieser Eindruck stammt aus der Fötalzeit: In dieser Phase nimmt das Kind die Stimme der Mutter mit ihrer höheren Frequenz weniger deutlich wahr als die tiefere Stimme des Mannes. Dadurch hat der Vater immer einen festen Platz in der Vorstellungswelt des Kindes.

Dazu gehört aber auch, daß die Mutter dem Kind nach der Geburt deutlich zeigt, wieviel Gewicht sie der Stimme des Vaters beimißt. Nun gibt es jedoch viele Mütter, die das Kind für sich allein beanspruchen und sich mit der Mutterschaft »schmükken«, als hätten sie sie allein vollbracht; und sie tun nichts, um den Vater in Kontakt mit dem Kind zu bringen, dabei sollten sie doch zu ihrem Kind vom Vater sprechen, sollten ihm Dinge sagen wie zum Beispiel: »Da kommt dein Vater. Du weißt doch, er hat zu dir gesprochen, als du noch in meinem Leib warst.« Aber das tun nur wenige Frauen.

Viele Mütter betrachten das Kind als ihren alleinigen Besitz, und das ist eine gefährliche Klippe für die Mutterliebe, vor allem, wenn das Kind ein Junge ist. Ein Mädchen läßt sich nicht so leicht von der Mutter vereinnahmen, denn Mädchen wenden sich immer dem Vater zu. Doch ein Junge läßt sich ganz und gar in das mütterliche Besitzdenken hineinziehen, denn die Mutter stellt für ihn die sexuelle Ergänzung dar; allerdings geschieht das gänzlich unbewußt. Ist der Vater anwesend, dann reagiert der kleine Junge etwa folgendermaßen: »Der da, was will der eigentlich hier? Wenn Mama ihn nicht hier haben will, dann will ich ihn auch nicht.« Will sie ihn aber dabeihaben, nun, dann muß man eben »damit fertig werden«. Und schließlich erkennt der kleine Junge auch die Stimme des Vaters wieder; vor allem, wenn der Vater mit ihm und die Mutter mit dem Vater spricht. Im Leben des kleinen Jungen erlangt der Vater nur dadurch Bedeutung, daß die Mutter dem Kind von ihm erzählt und auf welche Weise sie von ihm spricht. Das kleine Mädchen indessen reagiert direkt auf den Vater und fühlt sich unmittelbar von ihm angezogen – auch wenn die Mutter nicht von ihm spricht. Es ist nicht nur die Stimme, die diese Zuwendung des kleinen Mädchens zum Vater bewirkt, es ist wohl auch der spezifisch männliche Geruch und vielleicht noch etwas anderes, das wir nicht – noch nicht – kennen. Für ein Mädchen ist der Vater gewissermaßen der auserwählte Prototyp des Mannes schlechthin; und ein Mädchen interessiert sich für alle Männer, es sei denn, die Mutter ist Männern gegenüber abweisend eingestellt und kann sie nicht ertragen. Dann spürt das Mädchen, daß es lebensgefährlich ist, sich den Männern zuzuwenden.

Dieser Unterschied zwischen Jungen und Mädchen läßt sich sehr deutlich am Stillverhalten in den ersten Lebenstagen beobachten. Der kleine Junge wendet nicht im geringsten den Kopf, wenn ein Mann den Raum betritt; im Gegenteil, er schmiegt sich enger an die Mutter, flüchtet regelrecht in ihren Schoß und klammert sich mit den Händchen an, damit die Mutter sich um ihn kümmert. Das kleine Mädchen dagegen läßt die Brust los und schaut nach, wer da kommt; dann erst wendet es sich wieder

der Brust zu: Wenn das Kind nicht gar zu hungrig ist, ist die Anziehungskraft des Begehrens stärker als der Hunger. Betritt dagegen eine Frau den Raum, läßt sich das Kind nicht stören und trinkt weiter.

Es ist sehr interessant, diesen so frühen Verhaltensunterschied zu beobachten – eine Verhaltensweise, die gewissermaßen als Folge der unbewußten Erziehung durch die Mutter verschwindet. Doch haben wir hier eine erste instinktive, unbewußte Regung, die deutlich sichtbar ist.

Handelt es sich dabei bereits um einen Geschlechtsunterschied?

Ja. Übrigens gibt die Anwesenheit des Vaters bei der Geburt, wenn er sein Kind zur Welt kommen sehen will, der Mutter ein Gefühl der Sicherheit. Früher war normalerweise die Großmutter mütterlicherseits bei der Entbindung zugegen; heutzutage hat die Gebärende lieber ihren Partner an ihrer Seite, und ich bin sicher, daß es für das Kind besser ist, von den freudigen Stimmen seiner beiden Eltern in Empfang genommen zu werden als von einem »antiken Chor« in Gestalt seiner Großmutter, bei der die Entbindung ihrer Tochter Erinnerungen an ihre eigene Entbindung von ebendieser Tochter wachruft. Man kann es wohl so ausdrücken, daß ein Kind, das zwischen seinen beiden Eltern zur Welt kommt, in eine Gegenwart hineingeboren wird, die sich der Zukunft öffnet; wird das Kind dagegen von Hebammen und Großmüttern in Empfang genommen, ist sein Bezugspunkt eher die Vergangenheit in Gestalt der Vorfahren.

Gelegentlich hast du im Zusammenhang mit den ersten Minuten unmittelbar nach der Geburt von der Triade gesprochen: »Die ersten Stunden beglückender Nähe in der Mutter-Säugling-Vater-Triade (. . .) sind unerläßlich für die Entstehung einer symbolischen Bindung nach der Geburt.«[2] Tritt diese symbolische Bindung in Erscheinung, wenn die Mutter dem Kind die Brust gibt?

Ich habe diesen Punkt bereits in einem anderen Buch angesprochen, aber es ist sicher sinnvoll, es hier noch einmal in Erinnerung zu rufen: »Hier handelt es sich um eine Körpererfahrung: Die Brust mit ihrer überquellenden Milchfülle ist für das Kind die Bestätigung seiner Leiblichkeit und damit seines Lebensrechtes. Und wenn das Kind dann diese Nahrung spendende Mutter in Gesellschaft eines anderen erlebt, wenn es erlebt, wie die Mutter zu diesem anderen in Beziehung steht und dieser wiederum auf die Mutter bezogen ist – dann wirkt das so, als käme das, was das Kind empfängt, vom Wort des Vaters – und das ist für das Kind eine unmittelbare Verstärkung seiner Lust am Leben: Der Vater ist die affektive Kraftquelle der Mutter, die dadurch, daß sie auf ihn bezogen ist, zur affektiven Kraftquelle für ihr Kind werden kann. Von Anfang an sind alle drei aufeinander bezogen und füreinander zuständig, zunächst durch das genetische Band, das sie verbindet; dann, nach der Geburt des Kindes, durch die Beziehung zum Partialobjekt Phallus, der das Bedürfnis befriedigt, während die Dreiecksbeziehung, die auf Liebe beruht, das Begehren anspricht: »Das Kind geht mit seiner Mutter eine Paarbeziehung ein; es erlebt seine Mutter aber auch in der Paarbeziehung mit einem anderen, und diese Erfahrung ist für seine künftige bewußte Geschlechtsentwicklung von Bedeutung: nämlich insofern, als es bei seinem Begehren in der Liebe mit einem anderen wetteifert.«[3]

In dieser engen Beziehung werden die beiden Pole, die die Eltern innehaben, vom Kind als »glaubwürdig«, als zuverlässig erlebt. Gibt es nicht auch andere Formen dieser Dreiecksbeziehung?

Es gibt eine Fülle von Varianten dieser Dreiecksbeziehung, von denen manche »fragwürdig« sind, selbst für ein ganz junges Kind. Wenn also einer dieser Pole mit einem anderen Menschen als Vater oder Mutter besetzt wird, dann muß man dem Kind die Rolle dieser dritten Person erklären, sonst kann diese keine Glaubwürdigkeit erlangen: Man muß dem Kind eine einleuchtende und verständliche Erklärung geben, die auch etwas aussagt über die Gefühlsbeziehung zwischen jenen Polen und dieser Person.

Was das »Beziehungsnetz« des Kindes angeht, von dem du gesprochen hast: Es entsteht, wenn das Kind diese notwendige Dreiecksbeziehung Vater-Mutter-Kind auch in seinen Beziehungen zu anderen Menschen findet und auf diese die ursprüngliche Konstellation übertragen kann.

Läßt sich diese Übertragung wahrnehmen?
Ja, sehr deutlich sogar, zum Beispiel in den Spielen der Kleinen. Unübersehbar ist sie auch in den Bildern und Zeichnungen der Kinder, und vom siebten Lebensjahr an läßt sie sich auch im Alltag des Kindes erkennen. Ein Kind schafft sich sein Gleichgewicht durch Phantasie-Gefährten: Der kleine Junge denkt sich einen Freund, einen Jungen, aus, und dann ein Mädchen, über das er mit dem Jungen spricht. Da haben wir eine neue Dreieckskonstellation.[4] Und wenn später dann reale Menschen an die Stelle der Phantasie-Gefährten treten, dann müssen es auch drei sein, damit das Kind – Junge oder Mädchen – sich in einem dynamischen Gleichgewicht fühlen kann. Aus der Drei wird dann die Fünf – ich spreche hier von der Struktur, die das Kind dem sozialen Umfeld unbewußt unterlegt, und auch von seinen Projektionen in dieses soziale Umfeld.

Wieso denn die Fünf?
Die beiden, die das gleiche Geschlecht haben – der Junge und sein bester Freund, das Mädchen und seine beste Freundin – leben eine kameradschaftliche Beziehung in einer Art keuscher Homosexualität. Der gleichgeschlechtliche Gefährte übernimmt die Rolle des Hilfs-Ich; dieser Gefährte hat nun seinerseits einen besten Freund, ein Hilfs-Ich, und er hat auch eine Gefährtin, ein Mädchen, das Gesprächsthema zwischen ihm und seinem Freund ist. Für das Mädchen liegen die Dinge genauso.

Das Hilfs-Ich erlaubt es dem Kind auf diese Weise, die Dreieckskonstellation Kind-Mutter-Vater auf die keusche Freundschaft zu fünft zu erweitern, welche die Grundlage für die unbewußte Struktur des sozialen Bereichs und der dazugehörigen Projektionen bildet. Für die Strukturierung ist dieses keusche Hilfs-Ich ungemein wichtig: Hat ein Mann keine Schwester, eine Frau keinen Bruder, und bleiben sie zu lange in sexuellen Spielen verhaftet, dann wird die Strukturierung nicht gerade gefördert.

Ist dagegen dem kleinen Mädchen oder dem kleinen Jungen seine Strukturierung im Rahmen der keuschen Freundschaft zu fünft gelungen, dann sind sie bereit für eine Liebesbeziehung; fehlt jedoch diese Struktur, dann führt das im Erwachsenenalter zu Schwierigkeiten in der Paarbeziehung.

Nun habe ich sehr weit ausgeholt, aber dieser Umweg wirft ein deutliches Licht auf das, was die Trennung der Eltern für die Kinder bedeutet.

Ich glaube, wir können sogar noch weiter gehen und einmal das Mißverständnis ansprechen, das häufig in bezug auf den Begriff der Dyade herrscht. Allmählich glauben die Leute an diese Dyade wie an ein Dogma, und die Gesellschaft legt Wert darauf, daß das Kind in dieser »Säuglingsdyade« mit seiner Mutter verbleibt, als ob es nicht von Anfang an *drei* Personen gäbe. Die Dyade ist nur dem äußeren Anschein nach eine Zweierbeziehung, denn für das Kind ist der Vater in der Mutter enthalten und wird von ihr repräsentiert. Das gilt auch umgekehrt: Für das kleine Kind ist die Mutter im Vater enthalten und wird von ihm repräsentiert. Für ein Kleinkind sind Vater oder Mutter so etwas wie eine teilbare Entität: ein »Mama-Papa« oder eine »Papa-Mama«, doch führt diese Sichtweise keineswegs zu einer Verwirrung über die eigene Geschlechtszugehörigkeit. Wenn sich Verwirrung breitmacht, dann nicht im Körpergefühl des Kindes; denn es fühlt sich von einem Elternteil sexuell deutlich stärker angezogen. Das Lebensideal des Kindes ist der Erwachsene, zu dem es heranwächst: Der kleine Junge wird zum Mann und bekommt eine Frau, und das kleine Mädchen wird zur Frau und bekommt einen Mann, denn sie erleben, daß der Papa die Mama »hat« und die Mama den Papa.

Doch kann es tatsächlich innerhalb der Dreieckskonstellation zu einem Umkippen kommen. Ich meine damit ein Kippen der unbewußten Struktur in bezug auf alle libidinösen Verhaltensweisen, die auf den oralen und analen Entwicklungsstufen der Libido auftreten. Wir ordnen der oralen Stufe das *Sprechen*, das *Hören* und das *Sehen* zu, der analen Stufe dagegen das *Tun und Machen* und das *Produzieren*. Ein Kind, ein Junge, der sich stets auf den Vater als Idealbild bezieht, kann dennoch, wenn ich mal so sagen darf, »seine Geschlechtsrolle umkehren«, wenn die Mutter die aktiven, nach außen gerichteten Triebe deutlicher repräsentiert als der Vater: wenn sie mit großer Lautstärke spricht, ihr die Hand locker sitzt und sie insgesamt in der Familie dominiert. Eine solche Frau weiß, wie sie der Phantasiewelt des Kindes Grenzen setzen kann, um es in seinen Bemühungen zu unterstützen, sich mit der Realität auseinanderzusetzen. Wahrscheinlich fehlt es dem Vater nicht an sexueller Virilität seiner Frau gegenüber, doch zeigt er sich in der Familie als ein Mensch, der sich zu sehr zurückhält, der zu aufmerksam und zu nachdenklich ist. In diesem Fall erlebt der kleine Junge, daß vom Vater mehr passive Triebregungen ausgehen als von der Mutter. Wenn nun die Frau allein die Aufgabe vollbringen muß, den Jungen aufzuziehen und mit Recht und Gesetz vertraut zu machen, und auch die dazu erforderlichen Qualitäten besitzt, mehr noch, wenn der Vater sich affektiv und sexuell von seiner Frau zurückgezogen hat, dann besteht die Gefahr, daß der Junge homosexuell wird, das heißt, er kommt zu dem Schluß, daß man nur als Frau etwas wert ist. Er hat zwar sehr gut begriffen, daß ein Mann sich männlich geben muß, doch verbindet er den Begriff der Männlichkeit mit dem Bild seiner Mutter. Wie könnte es auch anders sein, wenn er nur dieses Vorbild hat? In der ödipalen Phase jedoch kommt es dann zum Bruch, wenn nämlich die Energie der aktiven Triebregungen in die Geschlechtsorgane fließen müßte und dabei auf eine Blockierung stößt. Denn die aktiven Triebregungen werden von der Mutter repräsentiert und stehen damit im Widerspruch zu der unbewußten Phantasie, in die Mutter einzudringen. Wie kann der Junge in einen Körper hineinwachsen, der einen Penis hat, während die Mutter doch in einem Körper lebt, der keinen Penis hat?

Auch für das Mädchen ist die oben beschriebene Situation nicht ohne Risiken. Nehmen wir einmal an, daß sie sich mit ihrer Mutter identifiziert und von einem bestimmten Zeitpunkt an ihre Lehrerin als Hilfs-Ich erwählt, deren Bild sich als stärker erweisen kann als das der Mutter und auch das des Vaters. Wenn dieser in der Familie eine untergeordnete Rolle spielt, dann kann das Schulwissen, das ja die Realität repräsentiert – ein Wissen, welches einen höheren Wert hat als die Phantasie –, das Mädchen in einer affektiven Neutralität gefangenhalten: Es wird homosexuell, ohne sich dessen bewußt zu sein und ohne seinen Ödipuskomplex wirklich lösen zu können. Um als Frau zu zählen, muß sie gefühlsmäßig neutral bleiben und ihre Aktivität auf das Haus beschränken.

In beiden Fällen versucht sich die unbewußte Struktur im realen Austausch mit anderen Ausdruck zu verschaffen. Die unbewußte Dreiecksbeziehung zwischen Eltern und Kind kann scheinbar widersprüchliche Auswirkungen haben. Ein Kind, das nur von einem Elternteil aufgezogen wird und deshalb gezwungen ist, sich mit diesem Elternteil zu identifizieren, sucht in diesem Menschen, der allein beide Pole der ursprünglichen Dreiecksbeziehung besetzt, die Lösung seiner aktiven und passiven Triebregungen. Das Problem, mit dem sich das Kind hier konfrontiert sieht – ein spezifisch menschliches Problem – läßt sich nicht einfach auf Verhalten reduzieren. Um Verhalten geht es hier überhaupt nicht. Bei dieser Art von Identifikation geht es dem Betroffenen um etwas, das weit höher steht als Sitte und Moral, denn es kommt aus seiner unbewußten Struktur und berührt seine innere Dynamik in ihrem wesentlichsten Teil: im Geschlecht.

So kann es zu dem kommen, was wir im Hinblick auf die etablierte Moral Perversionen nennen, zu Abirrungen, die in der Ethik des Kindes geradezu »geheiligt« sind; denn sein Ethos wurde durch die Ereignisse in seiner Kindheit in falsche Bahnen gelenkt, da es in seiner Umwelt nicht die beiden Menschen fand, die es für die innere Repräsentanz der ursprünglichen Dreieckskonstellation gebraucht hätte. Diese Bedingungen finden wir natürlich nicht selten nach einer Scheidung vor, besonders dann, wenn Jungen allein mit ihrer Mutter leben.

Um wieder auf die allgemeinen Probleme einer Scheidung zurückzukommen: Wie erlebt ein Kind die Trennungsprozesse, die eine Scheidung mit sich bringt?

Dazu muß man wissen, daß es im Leben eines Kindes drei Formen eines Kontinuums gibt: das körperliche Kontinuum, das affektive Kontinuum, das Kontinuum der sozialen Umwelt.

Das Kontinuum, welches das Kind darstellt, setzt sich aus seinem Körper *und* seiner Affektivität zusammen. Sein Körper ist in einen bestimmten Raum hineingewachsen, in dem seine Eltern sich bereits befanden, bevor es da war. Wenn nun die Eltern fortgehen, dann verändert sich dieser Raum: Dann verliert das Kind das Gefühl für Raum und Zeit und damit auch für seinen Körper, denn diese Bereiche sind eng miteinander verknüpft. Wenn das Kind dagegen in der Umgebung bleiben kann, wo es mit den Eltern in Eintracht gelebt hat, bis diese sich entzweiten, dann tritt so etwas wie ein Vermittlereffekt ein, und das Kind verkraftet eine Scheidung wesentlich besser. Ein Kind identifiziert sich physisch mit der Behausung, in der es lebt, und wenn diese Behausung durch den Weggang eines Elternteils zerstört wird oder wenn gar beide Eltern ausziehen und es selbst auch die gewohnte Umgebung verlassen muß, dann kommt es zu einem Strukturverlust im Raumgefühl des Kindes, der sich auch auf das Körpergefühl auswirkt; darüber hinaus bewirken die gespaltenen Gefühle eine Destrukturierung im affektiven Bereich.

Bis zu welchem Alter sind Kinder von dieser Destrukturierung betroffen?

Bis zum Alter von acht, neun Jahren; doch schon manche siebenjährigen Kinder sind imstande, eine Scheidung als verantwortliches Handeln von seiten ihrer Eltern zu verstehen, wenn es einen Außenstehenden gibt, der mit dem Kind darüber spricht.

Ein jüngeres Kind kann die Scheidung der Eltern nur dann verstehen und affektiv verarbeiten, wenn es in der gewohnten Umgebung bleiben kann. Dies gilt in einem solchen Maße, daß Kindern am besten damit gedient wäre, wenn sie in der bisherigen Wohnung bleiben könnten und die Eltern abwechselnd kämen, um ihre »Elternpflichten« wahrzunehmen. Die Kinder sollten dort wohnen bleiben, wo sie mit beiden Eltern gewohnt haben, auch wenn sie nur mit einem Elternteil zusammenleben.

All dies gilt nicht nur für das Zuhause, sondern auch für die Schule, wenn es sich um Kinder von sieben oder acht Jahren handelt. Es ist ausgesprochen kontra-indiziert, einem Kind während einer Scheidung auch noch einen Schulwechsel aufzuzwingen. Es wird mit Sicherheit zwei Schuljahre verlieren; es kann nicht richtig mitarbeiten, weil es innerlich zu sehr gespalten ist.

Es ist gleichermaßen verhängnisvoll, wenn die Scheidung während des Schuljahres erfolgt und das Kind die Schule verlassen und sich in einer völlig neuen Umgebung zurechtfinden muß. Das verdoppelt seine Verwirrung: Einerseits gerät sein innerstes Selbst ins Wanken, dieses Selbst, das seine Struktur von den beiden Eltern erhielt; andererseits ist auch sein soziales Selbst betroffen, das in seiner Struktur und Stärke von den Altersgenossen abhängt. Das Kind muß sich an neue Klassenkameraden gewöhnen und sich von ihnen ausfragen lassen, warum es mitten im Schuljahr in die Klasse kommt; daher seine doppelte Verunsicherung.

Es kommt übrigens vor, daß man dem Kind, um dem Konflikt aus dem Weg zu gehen, nicht die Wahrheit sagt und ihm erklärt: »Dein Vater (deine Mutter) ist verreist.« Und dann kommt der Vater (die Mutter) von dieser Reise nicht zurück. Und auch hier erleben wir dann Schulversagen, selbst wenn das Kind weiterhin in die gleiche Schule gehen kann, denn das soziale Kontinuum des Kindes wird dadurch unterbrochen, daß man ihm die Wahrheit über die neuen Lebensumstände der Eltern nach deren Trennung verschwiegen hat.

Du hast gerade die Erschütterung des innersten Selbst erwähnt. Der Rektor einer Grundschule mit angeschlossenem Kindergarten beschreibt das so: »Wenn die Ehe der Eltern zerbricht, reagiert das Kind darauf mit Niedergeschlagenheit: Es wird trübsinnig. Es spielt nicht mehr, ist ›geistesabwesend‹ und völlig in seine Gedanken und Überlegungen versunken.«[5]

Dieses Verhalten hat die Funktion einer Sprache und drückt aus, daß das Kind zutiefst verstört ist und das nicht in Worte fassen kann. Um sprechen zu können, muß man innerlich intakt sein und darf sich nicht zerbrochen fühlen. Im übrigen braucht das Kind auch so etwas wie eine implizite Erlaubnis, daß es über sein Problem reden darf, und die bekommt es, wenn ihm die Eltern sagen, mit welchen Worten es zu Außenstehenden, die nicht zur Familie gehören, über die neue Situation sprechen darf.

Übrigens ist das von dir erwähnte Verhalten nicht auf die Situation einer Scheidung beschränkt. Es drückt ganz allgemein eine tiefe Verstörung aus, und wir können es bei Kindern beobachten, die etwa gerade erfahren haben, daß der Vater oder die Mutter Krebs hat oder daß Großmutter oder Großvater gestorben sind. Die gleiche Reaktion tritt auch auf, wenn das Kind die Eltern davon sprechen hört, daß der Arbeitsplatz des Vaters gefährdet ist und er vielleicht demnächst arbeitslos wird.

2 Reden oder Schweigen?

Du hast von den plötzlichen Einbrüchen in das Gefühlsleben des Kindes gesprochen. Könntest du sagen, zu welchem Zeitpunkt und auf welche Weise das Kind über die bevorstehende Scheidung informiert werden sollte? Die üblichen Scheidungsratgeber widmen den Kindern meist nur ein paar Zeilen. Die Kommission zum Schutz der Kinder bei Scheidung[6], in der du mitgearbeitet hast, hatte die Herausgabe einer Informationsbroschüre geplant, um die Eltern auf die Probleme aufmerksam zu machen, mit denen Kinder bei einer Scheidung konfrontiert sind.

Diese Broschüre war im Gespräch, ja, aber eigentlich nie ernsthaft geplant. Was mich betrifft, so hatte ich gesagt: »Eine Broschüre genügt nicht. Was die Leute brauchten, wäre jemand, der mit ihnen und ihren Kindern über die Scheidung spricht.« Es ist ungemein wichtig, daß die Kinder zu Beginn des Scheidungsverfahrens erfahren, was da geplant ist, und daß sie nach Abschluß des Verfahrens darüber informiert werden, was beschlossen wurde, selbst wenn es sich um Kleinkinder handelt, die noch nicht laufen können. Das Kind muß die Wahrheit über die Entscheidungen erfahren, die seine Eltern getroffen haben und der Richter bestätigt hat oder die der Richter den Eltern auferlegt.

Wenn in Quebec eine Familie eingebürgert wird, findet immer eine kleine Zeremonie statt. Die ganze Familie, Eltern, Kinder, Babys eingeschlossen, nehmen daran teil. Jeder einzelne wird persönlich angesprochen und zum Bürger dieses Landes ernannt, das ihm alle seine Rechte gewährt, wenn er seine Gesetze achtet, und es werden ihnen einzelne Artikel der Verfassung vorgelesen. Das Familienoberhaupt muß sein Einverständnis bekunden, ebenso die Ehefrau und alle Kinder, die schon sprechen können. Das Baby, das noch nicht sprechen kann, muß auch zugegen sein, denn es wird von seiner Geburt an als Bürger dieses Landes betrachtet.

Was ich damit sagen will, ist dies: Es ist für die Kinder sehr wichtig zu wissen, daß das Gericht die Scheidung der Eltern für gültig erklärt hat und daß die Eltern nun neue Rechte haben. Die Kinder müssen wissen, daß die Eltern zwar von ihrem Treueversprechen dem Ehepartner gegenüber entbunden wurden, ebenso von der Verpflichtung, unter demselben Dach zu wohnen, daß sie aber von den elterlichen Pflichten nicht befreit werden können, deren Modalitäten von den Richtern festgelegt werden.

Eine Scheidung ist eine ebenso ehrenwerte Sache wie eine Eheschließung. Das muß deutlich gesagt werden. Denn wenn das Ganze unter dem Vorwand, dieses Ereignis sei mit Leiden verbunden, in den Deckmantel des Schweigens gehüllt wird, dann erleben die Kinder das so, als sei eine Scheidung etwas »Unanständiges«. Doch wenn man sich das Bein bricht und das weh tut, dann versteckt man es ja auch nicht vor den anderen, als sei es etwas »Unanständiges«.

Eine Broschüre allein kann den Eltern nicht weiterhelfen. Sie müssen ihre Affekte einmal äußern können und zwar in Gegenwart eines Menschen, der ihnen dabei behilflich sein kann, denn es ist sehr schwer für sie zu akzeptieren, daß es unumgänglich geworden ist, ihre Kinder in eine Situation zu bringen, unter der sie leiden werden.

Könntest du einmal erklären, was du unter »Affekte äußern« verstehst?

Mit »äußern« meine ich, daß die Eltern ihrer Trennung eine menschliche Dimension geben, sie in Worte fassen müssen, statt sie als unausgesprochene Furcht mit sich herumzutragen, die sich dann in Launen, depressiven Verstimmungen oder Erregung ausdrückt, denn dadurch gerät die Sicherheit ins Wanken, die das Kind bei den Eltern sucht. Es ist von großer Bedeutung, daß die Eltern die Verantwortung für ihre Trennung wirklich übernehmen und darauf auch vorbereitet sind. Manche Paare brauchen dazu keinen Dritten, aber das sind nur wenige. Wenn die Affekte die Szene beherrschen, kann man nur in Gegenwart eines Dritten reden. Deshalb wäre es wünschenswert, wenn die Ehegatten, bevor sie die Scheidung einreichen, die Möglichkeit hätten, vor einem Dritten darzulegen, aus welchem Grund sie keine andere Möglichkeit als die Trennung sehen, und in diesem Gespräch sollten nicht oberflächliche Kränkungen im Vordergrund stehen, es sollte statt dessen im Sinne ihres Verantwortungsbewußtseins geführt werden. Durch das Gespräch mit und vor einem Dritten werden Affekte und Triebregungen in Bewegung gebracht, die dann auf der Ebene des Unbewußten bearbeitet werden können. Ihre Differenzen vor einem Dritten auszubreiten, könnte den Ehegatten helfen, ihre Beziehung als unbefriedigend zu erkennen und zuzugeben, daß sie nicht mehr weiterkönnen, und dann gemeinsam zu einer Entscheidung zu kommen. Dann erst sollten sie ihren Kindern mitteilen, daß der Riß zwischen ihnen so tief ist, daß er sich nicht mehr reparieren läßt. Von diesem Zeitpunkt an müssen die Kinder zusammen mit den Eltern die Last der gescheiterten Ehe tragen.

Bisher hast du von Affektäußerungen außerhalb des Gerichtsverfahrens gesprochen. Sind solche Äußerungen auch im Rahmen des eigentlichen Verfahrens, also im Gerichtssaal, möglich?

Nicht in der gleichen Weise, weil ja das Paar oder einer der Partner dann bereits in diesem Prozeß steckt; was wir aber immer wieder beobachten, das sind Verschiebungen mit Symptomcharakter, die bei jedem Paar wieder anders aussehen können: Besitzansprüche auf bestimmte Dinge werden geltend gemacht, eine Frau will unbedingt weiterhin den Namen des Ehemannes tragen; manchmal kann man sich nicht über die Höhe der Unterhaltszahlungen einigen, oder einer der Partner kämpft verbissen, um das Sorgerecht zugesprochen zu bekommen – das sind die »Lieblingsthemen«, an denen sich die unausgesprochenen Affekte festmachen.

Müssen diese Streitpunkte im Gerichtssaal angesprochen werden?

Natürlich! Es ist notwendig, sie ausführlich zu diskutieren, und wenn möglich, sollten die Juristen ihren Klienten klarmachen, daß sie mehr nach Vorwänden für Auseinandersetzungen suchen als nach einer angemessenen Lösung für ihre Kinder und sich selbst.

Daß die Eltern auf bestimmte Streitpunkte fixiert sind, aber auch die entgegengesetzte Haltung, daß nämlich einer der Partner den Forderungen des anderen völlig gleichgültig gegenübersteht: Bedeutet das, daß die Affekte im Vorfeld der Verhandlung nicht hinlänglich geäußert wurden?

Gewiß doch; und der Anwalt müßte sich auch als Anwalt des Kindes verstehen. Oft genug tun Anwälte nichts anderes, als ihren Klienten nach dem Mund zu reden, um sie nicht zu verärgern. Doch sie bedenken nicht, daß in diesem Stadium der Scheidung dem Klienten am besten gedient ist, wenn der Schwerpunkt auf die Kinder, die Nachkommen des Klienten, gelegt wird. Die Klienten, die Eltern, sind sterblich, aber ihre Kinder werden sie überleben.

Ist das Verfahren einmal angelaufen, dann wäre es meines Erachtens Aufgabe des Richters, jede der beiden Parteien in Anwesenheit der anderen anzuhören. Das wäre ein Versöhnungsversuch, der dem Sinn des Wortes gerecht würde, doch für die meisten Richter hat das Wort »Versöhnung« nur juristische und institutionelle Bedeutung.

Manche Richter nehmen sich viel Zeit für Paare, bei denen sie ein Zögern zu spüren glauben. Mitunter gehen sie sogar so weit, die Sitzung oder das Verfahren aufzuschieben, wenn ihnen eine Bedenkzeit sinnvoll erscheint.

Leider gibt es zu wenige solche Richter. Der Arbeitsanfall bei Gericht zwingt zur Arbeit mit der Stoppuhr. Dabei kann ein Aufschub sehr hilfreich sein, wenn es darum geht, eine Entscheidung reifen zu lassen.

Und wenn es gar nicht erst zu einer Affektäußerung kommt, weil die Eheleute sich vorab geeinigt und dabei den Hintergrund des Konfliktes ausgespart haben und dann angeben, sie hätten einander nichts vorzuwerfen?

Dann haben wir es mit einer bewußten oder unbewußten Verdrängung zu tun. Das muß nicht unbedingt Schaden anrichten, doch können nach der Scheidung heftige Konflikte aufbrechen, unter denen der eine oder der andere Exgatte – oder auch beide – und das Kind um so mehr leiden, als vorher alles in gedämpftem Ton ablief.

Du hast davon gesprochen, daß die Destrukturierung des Gefühlslebens die Folge eines Ereignisses ist, das das Kind im Innersten berührt. Die von dir durchgeführte Umfrage[7] hat ergeben, daß die große Mehrheit der befragten Erwachsenen nicht über die bevorstehende Scheidung ihrer Eltern Bescheid wußte und daß sie als Kinder auch nicht informiert worden waren, welche Folgen die Scheidung für sie haben würde; alle bedauerten diesen Mangel an Information.

Ich bin der Meinung, daß ein Kind mit verständlichen Worten informiert werden sollte, wenn die Eltern sich anschicken, Konsequenzen aus ihren Partnerschaftsproblemen zu ziehen. Da es den Eltern schwerfällt, mit den Kindern über solche Dinge zu sprechen, könnte man ihnen mit Filmen über progressive Erziehung zu Hilfe kommen, oder über die Massenmedien, wenn deren Tendenz sich ändern würde. Meist ist es so, daß die Eltern ihre Streitigkeiten zwar vor den Kindern austragen, aber dennoch nicht zugeben wollen, daß sie uneins sind: »Verschwinde! Geh raus; was zwischen uns vorgeht, geht dich nichts an!« Und dabei geht es die Kinder in erster Linie an.

Wären die Kinder informiert, dann müßten sie nicht in einen Traum flüchten, den sie nicht aufgeben wollen, den Traum des Kleinkindes von der idealisierten Einheit der Eltern, den Traum von der unteilbaren »Papa-Mama-Figur«, von der ihre Existenz abhing. Sie zu informieren, könnte sich auf die Kinder äußerst positiv auswirken; denn je größer die Probleme der Eltern werden, desto mehr können sie die Kinder in ihren Autonomiebestrebungen unterstützen.

Es ist wirklich kurzsichtig, Kindern keinen reinen Wein über die häusliche Situation einzuschenken, denn ein Kind ist durchaus imstande, mit seiner Realität umzugehen. Kinder leben ihre Realität, und das allein beweist, daß sie sie unbewußt bewältigen; doch sollte ihnen ihre Realität bewußtgemacht werden, und das geschieht, wenn die Situation in Worte gefaßt und damit dem Bewußtsein zugänglich gemacht wird. Geschieht das nicht, dann bleibt das Kind mit seinen Versuchen im Unbewußten stekken oder es zieht sich in die Traumwelt einer idealisierten Realität zurück.

Es gibt aber auch den umgekehrten Fall: Manche Eltern vermeiden es, sich vor den Kindern zu streiten; sie bemühen sich, ihre Uneinigkeit zu verbergen, und trennen sich »gütlich«.

Juristisch gesehen bedeutet »gütliche Scheidung«, daß die Eheleute keine beleidigenden Briefe wechseln müssen und daß das Gericht ihnen gestattet, einen gemeinsamen Anwalt zu nehmen, der dem Richter ihre Entscheidungen über die Kinder unterbreitet, und im allgemeinen akzeptiert der Richter die Vorschläge der Eltern. So sieht das »gütliche Trennung« genannte Verfahren aus. Wenn aber etwas anderes hinter diesem Ausdruck steckt, nämlich »heuchlerisch«, das heißt, wenn da ein Scheidungsverfahren läuft, das vor dem Kind verheimlicht wird, dann kann das dramatische Folgen haben, denn es ist ja gerade das »Nicht-informiert-Sein«, das so traumatisierend auf das Kind wirkt.

Wenn Mütter nach einer Amtsperson suchen, die sie über die Formalitäten einer Scheidung informiert, dann wenden sie sich sehr häufig zuerst an eine Sozialfürsorgerin, eine Ehe- und Familienberaterin oder einen Rechtsberater. Bei diesen ersten Beratungsgesprächen fällt jenen auf, daß es den Müttern häufig zutiefst widerstrebt, im Zusammenhang mit der Scheidung von ihrem Kind zu sprechen. Werden sie von jenen danach gefragt, dann lautet die Antwort der Mütter oft: »Es ahnt nichts«, »Es ist noch viel zu klein« oder »Es ist noch sehr kindlich für sein Alter«. Sollte nun dieser erste Ratgeber nicht versuchen, die Mutter dazu zu bewegen, mit dem Kind zu sprechen?

Die Mütter suchen dieses Gespräch, weil sie verwirrt, ratlos und innerlich aufgewühlt sind. Und die ersten Worte, die ein Mensch im Zustand tiefgreifender affektiver Verstörung zu hören bekommt, haben immer eine sehr nachhaltige Wirkung. Der Berater muß zu einer Mutter sagen: »Das Problem, das Ihre Scheidung aufwirft, sind nicht Sie, sondern Ihr Kind und dessen Alter.«

Du hast geschrieben, es sei wichtig, daß die Eltern, wenn sie von ihren Scheidungsabsichten sprechen, dem Kind gegenüber zum Ausdruck bringen, daß es ihnen nicht leid tut, daß das Kind auf die Welt gekommen ist.[8]

Ja, das ist wirklich sehr wichtig, weil das Kind sonst denkt, die Eltern wollten alles rückgängig machen, indem sie das gegebene Versprechen annullieren. Es glaubt dann, daß die Eltern nicht nur ihre gegenseitigen Vereinbarungen für ungültig erklären, sondern auch ihre Liebe zu ihm, dem Kind – und zwar um so mehr, als die Scheidung das Kind in eine Situation bringt, in der es zu einem Elternteil sagen muß: »Ich mag dich nicht mehr«, sobald es sich mit dem anderen identifiziert. In seinem Inneren jedoch braucht das Kind die Vorstellung, beide Eltern lieb zu haben. Wenn man ihm nun nicht erklärt, was es mit der Trennung der Eltern auf sich hat, dann gerät sein Innerstes aus dem Gleichgewicht.

Wenn sich die Eltern zum Zeitpunkt der Empfängnis und der Geburt des Kindes geliebt und begehrt haben, dann sollten sie diese Liebe nicht verleugnen, denn das hieße ja, auch die Liebe zu dem gemeinsamen Kind verleugnen. Auch wenn sich die Eltern zum jetzigen Zeitpunkt nicht mehr lieben, sollten sie alles tun um zu vermeiden, daß das Kind die Vorstellung entwickelt, der eine Elternteil lehne den anderen auch in der Verkörperung des Kindes ab, beschränke seine Liebe gewissermaßen auf *jene*

Hälfte des Kindes, die von ihm stammt. Was das Kind braucht, um dieser Vorstellung zu entgehen, ist, daß *beide* Eltern etwa so zu ihm sprechen: »Es tut mir nicht leid, daß ich geheiratet habe, auch wenn die Scheidung nicht einfach ist, denn dadurch bist du auf die Welt gekommen, und wir sind beide so froh, daß wir dich haben, daß wir uns streiten, weil jeder mehr von dir haben will.« Oder auch, da die Trennungsprozedur bei unverheirateten Eltern durchaus mit jener bei einer Scheidung zu vergleichen ist: »Es tut mir nicht leid, daß ich mit deinem Vater (deiner Mutter) zusammengelebt habe, denn wir sind beide glücklich, daß es dich gibt, und wir streiten uns, weil jeder mehr von dir haben will.«

Ist das Kind nicht aus einer Liebesbeziehung hervorgegangen, sondern aus einem momentanen körperlichen Verlangen der Eltern, die nicht wußten, ob sie zusammenbleiben würden, dann, denke ich, muß man auch das dem Kind gegenüber aussprechen. Denn das bedeutet ja, daß es selbst stark genug war, in diese unsichere Paarbeziehung hineingeboren zu werden. Das Kind selbst hatte den Willen, auf die Welt zu kommen; die Tatsache, daß es keine Fehlgeburt gab, ist der Beweis dafür, daß das Kind eine Lebensbasis in diesem Paar suchte, das sich scheinbar nicht verstand: Das Kind ist also für seine Existenz selbst verantwortlich. Wir dürfen nicht übersehen, daß sich zwei Menschen, die ihre Tage und Nächte teilen, gegenseitig beeinflussen. Dabei kann die Kommunikation des Unbewußten etwas völlig anderes zutage fördern, als was die beiden von ihrer Liebesbeziehung erwarteten, die sie nicht in ein gemeinsames Leben einmünden lassen wollten.

Es gibt ja auch den Fall, daß die Geburt eines Kindes zum Ausgangspunkt von Problemen wird, die vielleicht nicht aufgetreten wären, wenn das Paar unfruchtbar gewesen wäre. Die Psychoanalyse hat diesen Zusammenhang aufgedeckt: die Wiederholung einer als traumatisch erlebten Kindheitssituation eines Elternteils. Wenn nun ein Außenstehender in Gegenwart der sich leidenschaftlich bekämpfenden Eltern mit dem Kind spricht, ist es sehr wichtig, diesem zu vermitteln: »Diese Scheidung und dieses Leid sind nicht unnötig, denn du bist auf die

Welt gekommen, und in dir hat sich die Paarbeziehung deiner Eltern erfüllt.« Denn auch wenn es die Kinder sind, die die Probleme des Paares verursachen, so kann man doch die Beziehung als erfüllt ansehen, wenn es gemeinsame Nachkommen gibt.

Nun aber fühlen sich viele Kinder schuldig an der Scheidung ihrer Eltern, weil ihre Existenz das Leben der Eltern kompliziert und ihnen die Last der Sorgen und der Verantwortung auferlegt. Dies kann für sie zu einer furchtbaren Prüfung werden. Sie sagen sich dann: »Ich hätte gar nicht erst auf die Welt kommen dürfen. Und ich für mein Teil heirate bestimmt nie, damit ich nicht etwa auch ein Kind unglücklich mache.« Das Kind fühlt sich schuldig, von diesem Elternpaar in die Welt gesetzt worden zu sein. In der Pubertät tritt dieses Schuldgefühl dann deutlich zutage. Man kann sich gar nicht genug vor diesen zerstörerischen Folgen in acht nehmen, die sich nicht kurzfristig auswirken, sondern später, im Laufe der Entwicklung, dann, wenn der Heranwachsende selbst eine Liebesbeziehung eingeht.

> Manche Autoren behaupten, man müsse den Kindern die Scheidungsgründe erklären: »Dein Vater trinkt«, »Deine Mutter ist zu eifersüchtig und macht mir ständig Szenen« oder »Dein Vater hat eine andere Frau« (»Deine Mutter hat einen anderen Mann«), damit das Kind versteht, daß es ernsthafte Gründe für die Scheidung gibt.

Ich glaube, daß die Gründe, die jeder Elternteil für sich angibt – und daran kann man sie nicht hindern –, nie die wahren Gründe sind, zumindest nicht für Psychoanalytiker. Denn die Zusammenhänge sind ja bekannt: Wenn ein Mann behauptet, er habe erst in der Ehe angefangen zu trinken, hat er tatsächlich entweder schon vor der Ehe getrunken – und seine Frau wurde durch ihren persönlichen Hintergrund dazu gebracht (etwa, weil sie selbst Tochter eines Trinkers war), einen Trinker zu heiraten –, oder es kam wirklich zu einer Veränderung in der Paarbeziehung: Vielleicht kam ein Kind, und die Frau schenkte ihrem Mann keine Beachtung mehr – so etwas erleben wir ja sehr häufig.

Zu dem anderen Scheidungsgrund: »Deine Mutter ist zu eifersüchtig und macht mir ständig Szenen«, ist folgendes zu sagen: Das Kind erlebt die Szenen mit, aber den eigentlichen Grund dafür kennt es nicht. Es hat keine Ahnung, was der Vater außerhalb des Hauses tut und treibt. Es erlebt nur, daß die Eltern sich streiten. So etwas erlebt es aber auch bei Freunden und Kameraden, deren Eltern sich zwar streiten, aber zusammenbleiben. Streit ist kein Anlaß für eine Scheidung, auch wenn viele Leute das glauben. Das eigentliche Motiv für eine Scheidung ist, daß die Eheleute ihre Freiheit wiederhaben wollen, entweder die sexuelle Freiheit oder die Handlungsfreiheit oder die uneingeschränkte Verfügung über das eigene Geld, ohne daß der Partner Kritik üben kann. Sie wollen ihre Freiheit wiederhaben, weil es zwischen ihnen keine Liebe mehr gibt und vor allem, weil das Begehren erloschen ist, die gegenseitige sexuelle Anziehung, die zwei Menschen trotz häufiger Streitereien dazu bringt zusammenzubleiben, auch wenn es dafür keine stichhaltigen Gründe gibt. Ein Paar trennt sich, wenn die Partner einander nicht mehr begehren, denn dann besteht keine Notwendigkeit mehr zusammenzubleiben.

Meiner Meinung nach sind alle Begründungen und Rechtfertigungen falsch, mit denen man einem Kind die Scheidung erklären will. Was man ihm indes sehr wohl sagen kann – und damit weist man ihm den Weg zum Erwachsenwerden – ist, daß seine Mutter und sein Vater im vollen Bewußtsein ihrer Verantwortlichkeit handeln, auch da, wo ihre Absichten nicht übereinstimmen, wenn etwa der eine sich scheiden lassen will und der andere nicht. Der scheidungswillige Elternteil zeigt Verantwortungsgefühl: Als selbstverantwortlicher Erwachsener sieht er keine andere Lösung als die Scheidung, wenn er in Gesundheit weiterleben will.

Ein Kind läßt sich nicht hinters Licht führen: Es spürt sehr genau, ob ein Elternteil die Scheidung ablehnt, weil er ein starkes Sicherheitsbedürfnis hat oder keine befriedigenden Zukunftsvorstellungen entwickeln kann. Das Kind spürt genau, wie es in Wirklichkeit bestellt ist um den, der »lebendig« ist und die Scheidung anstrebt, aber auch um den, der »hinterdreinhinkt« und taktiert, um den »Bedürftigen«, der die Scheidung ablehnt, weil er vergessen hat, was es heißt, einen Erwachsenen des anderen Geschlechts zu lieben. Denn im Grunde steckt hinter einer Scheidung immer das erloschene Begehren, das nicht mehr von Liebe getragen wird und keine Energie mehr freisetzt. Doch ein Kind weiß noch nichts vom Begehren. Es glaubt zu wissen, was Liebe ist, doch von der notwendig mit Begehren verknüpften Liebe des Erwachsenen weiß es noch nichts, sowenig wie es versteht, daß die Eltern nach der Scheidung weiterhin eine gute Beziehung zueinander haben können, weil Liebe und Begehren getrennt sind.

Oberflächlich betrachtet können sich Kinder mit dem zufriedengeben, was man ihnen über die Streitereien, das Trinken oder die offensichtliche und bewußte Uneinigkeit erzählt, denn das erleben sie ja mit. Das macht es ihnen aber viel schwerer zu erleben, wie ihre Eltern nach der Scheidung in aller Ruhe miteinander sprechen, sich bei Treffen im Restaurant, im Café oder anderswo und bei Familienfeiern »ganz gern zu haben« scheinen und das auch sagen. Nach allem Vorangegangenen ist das verwirrend. Deshalb muß man Kindern richtige Antworten geben, und diese Antworten müssen in Worte gefaßt sein, die einerseits den Weg zu einem sinnerfüllten Erwachsenenleben öffnen, gleichzeitig aber auch das Vertrauen des Kindes in das verantwortungsbewußte Handeln der Erwachsenen stärken, selbst wenn es diese Form von Verantwortungsbewußtsein noch nicht verstehen kann. Es gibt heute Paare, die fünfzehn Jahre nach der Scheidung wieder zusammenziehen, und die Kinder wissen, daß es das gibt, denn sie nehmen sich heute eher die Freiheit, mit anderen Kindern über solche Dinge zu sprechen.

> Ein Mädchen, dessen Vater ihr, als sie fünf Jahre alt war, seine Scheidungsabsichten mitgeteilt und seinen sofortigen Auszug angekündigt hat, konnte drei Jahre später davon berichten, daß sie von diesem Augenblick an alle Erinnerungen an mit ihm verbrachte gute Zeiten verlor und nur noch schlechte Erinnerungen an ihn bewahrte.

Was willst du damit sagen?

Eltern sind sich häufig der Tatsache nicht bewußt, daß sich im Herzen des Kindes ein dynamischer Prozeß abspielt, über den es im Augenblick des Geschehens nicht sprechen kann, dessen Auswirkungen sich aber später zeigen.

In dem Fall, den du da schilderst, glaube ich, daß das Mädchen die Dinge im Nachhinein rekonstruiert hat. Wenn man jemandem ein Ereignis ankündigt und es dann sofort in die Tat umsetzt, dann wirkt das immer traumatisierend, denn den Handlungen der Menschen gehen normalerweise Pläne voraus. Hier, in deinem Fall, hat der Vater das Kind ohne Vorwarnung vor vollendete Tatsachen gestellt: Das, was er ihr ankündigt, wird unmittelbar darauf Realität. Ich glaube, daß dieses Vorgehen das Mädchen so sehr verletzt hat, daß sie es vorgezogen hat, nur noch schlechte Erinnerungen an ihre gemeinsame Zeit zu haben, weil sie dadurch den Schmerz über sein unvermitteltes Verschwinden leichter ertragen konnte.

Dabei fällt mir der Fall einer Elfjährigen ein, eines stillen Mädchens, das sich schon sehr gut beherrschen konnte und bei dem die Menarche noch nicht eingetreten war. Diesem Mädchen teilte der Vater mit, daß er im Begriff stünde, seine Frau zu verlassen. Als sie das hörte, fühlte sie einen furchtbaren Schmerz im Unterleib und schrie auf wie ein verletztes Tier. Als dann die erste Periode eintrat, bekam das Mädchen eine tuberkulöse Peritonitis und wurde unfruchtbar. Sie sagte, sie könne die Erschütterung nicht vergessen, die sie in ihrem Leib gespürt hatte, und auch nicht den Schmerzensschrei. Ihr Vater hatte ihr die bevorstehende Trennung angekündigt, und dieser Schmerz ließ sie aufschreien. Meiner Ansicht nach kam es zu diesem Zwischenfall, weil sie von der bevorstehenden Änderung nur in einem Zweiergespräch Vater–Tochter unterrichtet wurde, während es doch eines Dreiergesprächs bedurft hätte, an dem auch die Mutter beteiligt gewesen wäre.

In dem Fall, den ich geschildert habe, war die Mutter bei dem Gespräch anwesend; gesprochen hat aber nur der Vater.

Der springende Punkt ist, daß in beiden Fällen das Sagen und das Tun fast gleichzeitig geschahen. In beiden Fällen erfolgten die Ankündigung und die Durchführung aus heiterem Himmel: Das Kind war nicht darauf gefaßt.

Die Fünfjährige hat ihre Biographie verstümmelt, indem sie alle freundlichen Erinnerungen aus ihrem Gedächtnis tilgte, während bei der anderen der Prozeß der Verstümmelung ihrer Weiblichkeit in ihrem Körper einsetzte, als sie von der Scheidung erfuhr, und dieser Prozeß ging in aller Stille weiter bis zur Pubertät; dann erst konnte sich das alte Leid somatisch als tuberkulöse Peritonitis und lebenslange Unfruchtbarkeit ausdrücken.

Es ist wichtig, daß dem Kind klar wird, daß die Scheidung immer das kleinere Übel ist. So wie ein chirurgischer Eingriff wegschneidet, was von einem todbringenden Zersetzungsprozeß befallen ist. Man kann eine Paarbeziehung durchaus so sehen, wenn das gemeinsame Leben für den einen – manchmal auch für beide – unerträglich geworden ist. Ein solches Lebensklima erzeugt Leid, und das Ziel der Scheidung ist, dieses Leid zu beenden.

> Manche Eltern wundern sich, daß ihre Kinder am nächsten Morgen vergessen zu haben scheinen, daß sie ihnen am Abend vorher erklärt haben, sie wollten sich scheiden lassen. Sie schließen daraus, daß ihre Erklärungen nichts gefruchtet haben.

Vielleicht liegt das daran, daß die Eltern nicht gesagt haben: »Wir haben es uns lange überlegt, bevor wir geheiratet haben, und daß wir uns scheiden lassen, geschieht auch nicht von heute auf morgen. Damit, daß wir euch in die Welt gesetzt haben, haben wir viele Verpflichtungen übernommen, und nun müssen wir Klarheit schaffen. Daß wir uns jetzt streiten, heißt nicht, daß wir alles sofort rückgängig machen können. Die Ehe ist eine ernste Angelegenheit, kein Spiel, das einfach aufhört, wenn einer sagt: ›Ich spiel' nicht mehr mit‹. Aber das soll nicht heißen, daß wir zurücknehmen, was wir gesagt haben: Zwischen eurer Mutter (eurem Vater) und mir klappt es nicht mehr.«

Die Kinder müssen wissen, daß die Eltern sich Zeit lassen für ihre Entscheidung und nicht aus einer Laune heraus handeln.

Doch auch da, wo die Eltern sagen, sie hätten sich ihre Entscheidung reiflich überlegt, behaupten die Kinder am nächsten Tag, sie hätten alles vergessen.

Das ist dann ihre eigene Angelegenheit. Man könnte zu ihnen sagen: »Du hast es vergessen, weil du es vergessen wolltest.« Man muß den Kindern ihre Phantasien lassen, muß es ihnen zugestehen, auf ihre Art zu reagieren; aber das heißt nicht, daß die Eltern nach ihrer Pfeife tanzen sollen. Manchmal reagiert ein Kind auch mit eigenen Erfindungen. Wenn es Geschichten erfindet wie etwa: »Wir fahren nach Amerika«, können die Eltern sagen: »Du weißt ja, daß wir in die Normandie fahren, aber wenn es dir Spaß macht, kannst du ja deinen Freunden erzählen, wir führen nach Amerika.« Kinder brauchen Phantasiegeschichten, um Dinge zu bewältigen, die schwer zu akzeptieren sind. Man muß ihnen die Wahrheit sagen, es ihnen aber gleichzeitig selbst überlassen, wie sie mit einer schmerzhaften Wahrheit umgehen: Schwindelgeschichten sind ein Bewältigungsversuch.

Wenn die Eltern verantwortungsbewußt miteinander und mit den Kindern ihre Scheidungspläne besprächen, dann hätten die Kinder eher die Möglichkeit, Vorschläge einzubringen, kleine Änderungen anzuregen und den Teil der Pläne, von dem sie betroffen sind, mit zu entwickeln. Dann würden die Vereinbarungen (bei einverständlicher Scheidung) oder die Vorschläge (bei Scheidung wegen schuldhaften Verhaltens) mit ihnen gemeinsam ausgearbeitet, und es wäre zu hoffen, daß dann die endgültigen Beschlüsse besser vorbereitet wären und folglich auch besser umgesetzt würden.

Ja, das ist richtig.

Du hast geschrieben, es sei im Gesetz nicht vorgesehen, daß in gewissen Fällen der Richter den Eltern sagen kann, ihre Kinder seien gefährdet, wenn sie sich zum jetzigen Zeitpunkt scheiden lassen; daß sie damit besser noch drei oder vier

Jahre warten sollten.[9] Wolltest du damit sagen, daß es im Leben eines Kindes eine Phase gibt, während der es besonders empfindlich reagiert und die Anlaß für die Eltern sein sollte, das Scheidungsverfahren noch eine Weile aufzuschieben?

Ich dachte dabei an die frühe Kindheit, etwa bis zum Ende des vierten Lebensjahres; aber unter bestimmten Bedingungen kann sich diese Phase auch bis zum elften oder zwölften Lebensjahr erstrecken.

Sind die Eltern bereit, die Situation des Kindes zu respektieren, und verschieben sie die Scheidung auf einen späteren Zeitpunkt, dann sollten sie dafür sorgen, daß jeder der beiden Eltern dem Kind symbolisch zur Verfügung steht. Wenn die Eltern ihre Paarbeziehung auf eine »gesellschaftlich-freundschaftliche« Ebene stellen – das ist das genaue Gegenteil von Uneinigkeit – dann sollten beide Eltern sich damit einverstanden erklären, daß der jeweils andere dem Kind gleichfalls zur Verfügung steht. Für ein Kind bedeutet das freundschaftliche Verhältnis zwischen einem Mann und einer Frau ja nicht unbedingt, daß sie miteinander schlafen oder beide ständig zu Hause wohnen. Auch einen Elternteil, der nicht mehr zu Hause wohnt, betrachtet das Kind als für seine Erziehung zuständig.

Auch ein Elternteil, der nicht zu Hause wohnt, hat seinen Kindern gegenüber eine symbolische und affektive Funktion zu erfüllen, und zwar die, daß er an ihrer Erziehung Anteil nimmt und seine Elternrolle nicht anderen überläßt. Als Beweis dafür mag mir dienen, daß früher zahlreiche bei der Mutter lebende Kinder, deren Väter in der Armee oder in den Kolonien waren, in Briefkontakt mit dem Vater standen. Der allmonatliche Brief, den diese Väter an jedes ihrer Kinder schrieben, war Ausdruck ihres väterlichen Verantwortungsbewußtseins; sie waren ihren Kindern viel näher als Väter, die zu Hause lebten, aber kein persönliches Interesse für die Erziehung ihrer Kinder an den Tag legten. Und das Kind schrieb seinerseits auch an den Vater. Dieser unterhielt enge persönliche Briefkontakte zu seiner Familie, die er ja auch finanziell unterhielt – wodurch der symbolischen

Vaterfunktion vollkommen ausreichendes Gewicht verliehen wurde.

Heute gibt es ähnliche Situationen, sei es, daß der Vater oder die Mutter aus beruflichen Gründen nicht ständig zu Hause lebt, sei es aufgrund einer Übereinkunft der Ehepartner, deren sexuelle und emotionale Beziehung keine Befriedigung mehr bietet. Doch diese Situationen beeinträchtigen die Eltern-Kind-Bindung nicht, vorausgesetzt, daß das Kind zu beiden Eltern eine persönliche Beziehung und einen regelmäßigen – nicht unbedingt täglichen – Kontakt unterhalten kann.

3 Die positive Funktion der Pflichten

In den Fällen, wo das Sorgerecht nicht von beiden Eltern ausgeübt wird, werden wichtige Entscheidungen über die schulische Ausbildung, die Wahl des Schulzweigs und in allem, was die Gesundheit des Kindes betrifft, von dem »ständigen Elternteil«[10] getroffen, bei dem das Kind vorwiegend lebt. Mit dem »nicht-ständigen Elternteil« hat das Kind viel weniger Kontakt, doch hat dieser ein gesetzlich verankertes Besuchs- und Aufsichtsrecht.

Führt diese Regelung nicht dazu, in dem Kind die Vorstellung zu erwecken, der ständige Elternteil sei beim Richter besser angesehen als der andere? Oder anders gesagt, könnte das Kind nicht daraus schließen, daß der ständige Elternteil im Recht und der andere im Unrecht ist und deshalb bestraft wird?

Eigentlich müßte der Richter die Kinder zu sich bestellen und ihnen seine Entscheidung erläutern, denn sie verleitet tatsächlich oft genug zu Fehlinterpretationen, nicht nur von seiten der Kinder, sondern auch der Eltern. Das ist immer so, wenn einem etwas zu schaffen macht. Deshalb müßte der Richter die Gründe darlegen, die ihn bewogen haben, das Sorgerecht unter Berücksichtigung der materiellen Umstände und der gesetzlichen Vorschriften dem einen Elternteil zuzusprechen – und das vor allem, um den Erfordernissen während der »Hauptzeit«[10], der Schulzeit, gerecht zu werden – und um die Ferientage aufzuteilen, die das Kind mit dem einen oder dem anderen Elternteil verbringt.

Im Gespräch mit Eltern habe ich häufig die Meinung vertreten, daß der Elternteil, bei dem das Kind die Ferien verbringt, mehr Einfluß auf die eigentliche Erziehung nehmen kann als der, der das Kind während der Schulzeit betreut.

Die Werktage – also die Hauptzeit – verbringt das Kind bei einem Elternteil, der wenig Zeit hat, sich um seine Erziehung zu kümmern. Dieser Elternteil hat eher die Rolle eines »Galeerenaufsehers«; jeden Morgen muß er das Kind antreiben, daß es aufsteht und zur Schule geht, muß es mittags beim Essen und abends bei den Schularbeiten hetzen. Das nenne ich Dressur und nicht Erziehung: Das Kind muß lernen, sich der Realität anzupassen und ein Stück weit unterzuordnen.

Die Ferienzeit hat einen so viel höheren Stellenwert für die Erziehung als die Schulzeit, daß man tatsächlich sagen kann, der Elternteil, bei dem das Kind die meiste Zeit verbringt, übt den geringsten erzieherischen Einfluß aus. Doch diese Sichtweise stößt meist auf krasses Unverständnis. Kürzlich habe ich diese Gedanken vor einer Kommission entwickelt, da hat jedermann den Kopf geschüttelt. Außerhalb der Schulzeit hat der Erwachsene Zeit, mit dem Kind zu reden oder etwas mit ihm zu unternehmen, denn Eltern und Kind sind frei von Arbeit und Verpflichtungen. Nur an den Wochenenden und in den Ferien kann man eine tiefere Beziehung aufbauen oder Kultur und Bildung vermitteln. Da kommt es dann zu einem echten Kontakt, da kann sich eine echte Bindung entwickeln. So gesehen ist es falsch zu sagen, der ständige Elternteil habe das bessere Los: Jede der beiden Positionen hat ihre Vorzüge.

> Oft klagen geschiedene Frauen darüber, daß ihr Exmann während der Wochenenden so einfallslos ist, was Spiele oder Spaziergänge angeht, sondern sich auf Einkaufsfahrten zum Supermarkt beschränkt. Sie wünschen sich die Unterstützung des anderen Elternteils auch und gerade bei der Vermittlung von kulturellen Werten.

Im Grunde genommen fällt es nicht so sehr ins Gewicht, was die Eltern tun oder nicht tun. Es wäre Sache des Richters, den Kindern zu sagen: »Ihr müßt euer Leben selbst in die Hand nehmen und selbst gestalten. Eure Eltern sind dazu da, euch auf diese Aufgabe vorzubereiten.« Denn diese Vorbereitung auf die Selbständigkeit gehört in den Verantwortungsbereich der Eltern, und der Richter teilt diese Verantwortung nur auf in Haupt- und Nebenzeit.

Anstelle des Ausdrucks »elterliche Autorität« hätte man in

dem neuen Gesetz[11] besser den Ausdruck »elterliche Verantwortung« verwendet. Der Begriff Autorität entspricht nicht mehr der heutigen Realität. Die Erwachsenen haben keine Autorität mehr, und die Kinder spüren diesen Mangel an Autorität bei ihren Eltern sehr genau. Sie wissen aber auch, daß ihre Eltern für sie *Verantwortung* tragen. Die Verwendung des Begriffs der »Verantwortung« macht es Eltern und Kindern leichter, sich helfen zu lassen, wenn es nötig ist. Es gibt eine wachsende Anzahl von Fällen, in denen die Eltern so wenig Autorität haben, daß sie der ständig wachsenden Gruppe der von ihren Kindern geschlagenen Eltern zuzurechnen sind. *Was nun* mit der vom Richter zuerkannten Autorität, wenn die Eltern keine haben?

Im Verlauf seiner Entwicklung vom Säugling zum Heranwachsenden bildet das Kind anhand von Orientierungspunkten seine Persönlichkeit aus. In deinen Schriften betonst du die Bedeutung strukturierender Phasen, an deren Ende jeweils ein Verzicht notwendig ist, damit das Kind zur Autonomie gelangen kann. Auch wenn jeder Fall für sich betrachtet werden muß: Gibt es ein Alter, in dem man ein Kind besser seiner Mutter oder besser seinem Vater anvertraut?

Ja. Ein Kind unter vier Jahren braucht die Mutter, wenn diese auch seine Mama ist, das heißt, wenn sie das Kind von Geburt an betreut hat.

Mir fällt da der Fall eines Ehepaares ein, bei dem der Vater seit jeher das Kind versorgt hatte. Als sich die Eltern trennten, begründete die Frau ihren Anspruch auf das Kind damit, daß sie die Mutter sei. Die »Mama« war sie aber nicht, das war der Vater, der zu Hause war, während die Frau den Lebensunterhalt verdiente.[12] Sie verließ das Haus am Morgen und kam erst abends zurück; sie war ganz und gar nicht die »Mama«, an die das Kind gewöhnt war. Man muß also jeden Fall gesondert betrachten.

Wird das Kind von einer bezahlten Kraft betreut, dann ist nicht einzusehen, warum man es der Mutter anvertrauen sollte und nicht dem Vater, wenn dieser mehr Zeit mit dem Säugling verbracht hat als die Mutter und wenn er einwilligt, daß dieselbe bezahlte Kraft das Kind weiterhin versorgt. Wohlgemerkt, wir sprechen hier von Kleinkindern. Von »Kleinkind« kann man sprechen, solange das Kind noch nicht drei oder vier Jahre alt ist. Bis zu diesem Alter sollte die Hauptzeit im allgemeinen der »Mama-Mutter« zugesprochen werden. Aber ich habe ja bereits ausgeführt, daß das Kind vor allem die Umgebung braucht, in der es bisher gelebt hat und die für das Kind so etwas wie eine »Mama«, eine Art räumliche Schutzhülle darstellt. Will der andere Elternteil sein Kind sehen, dann sollte er es nach meinem Dafürhalten in seiner gewohnten Umgebung besuchen, solange es als Kleinkind betrachtet werden muß.

Für ein fünfjähriges Kind, ob Junge oder Mädchen, wäre es vorteilhaft, wenn beide, Mutter und Vater, ein affektives und sexuelles Eigenleben hätten, damit das Kind nicht in die Lage gerät, die Doppelrolle des Ehepartners und des Kindes für Vater oder Mutter spielen zu müssen, denn das würde seine eigene Entwicklungsdynamik empfindlich stören. Es ist gefährlich, wenn die unbewußte Phantasie des Kindes, der Partner eines Elternteils zu sein, von den realen Umständen gefördert und bestätigt wird.

Günstiger für das Kind ist immer eine Dreieckssituation. Für Kinder beiderlei Geschlechts ist es besser, wenn die Mutter eine neue Partnerbeziehung eingeht, vor allem, wenn der Vater allein lebt. Ebenso ist es für beide, Jungen wie Mädchen, besser, wenn der Vater eine Partnerbeziehung hat, besonders wichtig aber für Jungen, wenn die Mutter allein lebt.[13] Noch immer läßt man prinzipiell die Jungen bei der Mutter, ob diese allein ist oder nicht, und das bis zum Alter von zwölf, dreizehn oder vierzehn Jahren. Das bewirkt, daß die Jungen sich Rechte auf die Mutter anmaßen oder sich Vorrechte herausnehmen, die nicht altersangemessen sind, etwa auf dem Schoß der Mutter zu sitzen und mit ihr zu schmusen oder zu ihr ins Bett zu kriechen, Liebkosungen, die nicht bewußt als sexuelle wahrgenommen werden (die jedoch ein Wiederaufleben der kindlichen Sexualität bewirken).

Die Mütter beklagen sich, daß sie das nicht »stoppen« können, wenn ihre Söhne größer werden.

In Wirklichkeit ist es noch schlimmer. Die Söhne werden verdorben und ihre Mutter auch. Sie ist innerlich zerrissen und verliert ihre innere Freiheit. Sie wird zur Sklavin ihrer Söhne und zur Rivalin ihrer Töchter.

Aber auch wenn die Mutter wieder geheiratet hat, ist es wichtig, daß der Vater die Verantwortung für seinen Sohn übernimmt, sobald dieser fünf bis sieben Jahre alt ist. Sein Sohn braucht ihn als Modell für seine Entwicklung zum Mann und zum künftigen Vater. Lehnt es der Vater ab, sich um ihn zu kümmern, dann zwingt er ihn dazu, an der Mutter und an deren Mann (sofern sie einen hat) »festzukleben«; und das ist schädlich.

Auch heute noch begreifen Richter und Öffentlichkeit nicht, wie man dem Vater das Sorgerecht für ein Kind zusprechen kann, ehe es groß genug dafür ist. Ich denke dabei an den Fall jenes Zwölfjährigen, der lieber zu seinem Vater gehen und bei ihm wohnen wollte. Die Presse hat sich dieses Falls angenommen und sich als Forum für Kommentare und Diskussionsbeiträge zur Verfügung gestellt.

Diese Geschichte hat ganz Frankreich zum Nachdenken gebracht. Hier zeigt sich, daß die junge Generation zum Glück beweglicher ist als die alte.

Könntest du jetzt einmal davon sprechen, wie die Situation des Kindes aussieht, wenn Vater und Mutter keine neue Beziehung eingehen?

In diesem Fall sollte der Junge ab dem fünften Lebensjahr – oder ab dem siebten, falls seine emotionale Entwicklung langsam verläuft – bei seinem Vater leben und das Mädchen bei seiner Mutter. Doch darf sich die Mutter gerade im letztgenannten Fall nicht ausschließlich auf die Tochter konzentrieren, um ihr nicht das Bild von der Frau in der Opferrolle zu vermitteln; denn das würde die Entwicklung des Kindes hemmen.

Welche Funktion können denn Verwandte und Freunde haben?

Für das Kind ist es wichtig zu wissen, daß die Mutter nicht allein ist, sondern gesellschaftliche und sexuelle Beziehungen hat – natürlich ebenso der Vater –, daß sie eingebunden sind in eine ethnische Gruppe, einen Freundeskreis oder eine Familie. Alle diese Menschen haben eine wichtige Funktion. Manchmal braucht ein Mädchen die Frauen der väterlichen Familie mehr als die der mütterlichen Seite. Auf jeden Fall aber braucht es Frauen, um sein Selbst zu entwickeln, auch wenn es mit dem Vater allein lebt. Ein Junge braucht Männer, um sich zu entfalten, auch wenn er der Mutter zugesprochen wurde. Gibt es im Umfeld der Mutter genügend Männer, an denen der Junge sich orientieren kann, oder lebt er nur unter Frauen aus der Umgebung seiner Mutter? Genau das ist die Frage.

Außerdem sollte man feststellen, ob es in der väterlichen Familie Männer gibt, die sich des Kindes annehmen und ihm als männliches Vorbild dienen können, wenn der Vater selbst dazu nicht in der Lage ist, etwa weil er charakterlich labil, alkoholabhängig oder geisteskrank ist oder ständig unterwegs. Dann müßte der Richter mit den Angehörigen des Vaters eine Vereinbarung treffen, damit das Kind in Kontakt mit den Männern der Familie kommen und sie auch besuchen kann, wenn der Vater am Besuchstag nicht zu Hause oder aus anderen Gründen nicht in der Lage ist, das Kind bei sich zu empfangen. Für Mädchen stellt sich das Problem ähnlich: Hat der Vater keine Mutter mehr und auch keine Schwester, dann sollte er seine Tochter mit Frauen bekannt machen, die er achtet und schätzt. Denn das Mädchen braucht auf beiden Seiten Vorbilder: Frauen, die die Mutter schätzt und Frauen, die der Vater schätzt, und das müssen nicht unbedingt seine »Freundinnen« sein. Solche Vorbilder braucht das Mädchen, um die eigene Entwicklung daran zu orientieren.

Du betonst hier die Bedeutung des familiären und sozialen Umfelds für das Kind. Wurde die Ehe geschieden, weil der

Expartner eine außereheliche Beziehung hatte, dann hat der ständige Elternteil vielleicht für einige Zeit weder Lust noch Zeit, noch die materiellen Möglichkeiten, den Kontakt mit anderen Menschen zu pflegen.

Ja, und darum ist es ungemein wichtig, daß wir gesellschaftliche Strukturen und Institutionen haben, wo geschiedene Frauen und Männer ihren Interessen nachgehen können und tun, was ihnen Freude macht: Sport treiben oder ein Hobby ausüben. Die Mutter (der Vater) müßte das Kind auch einmal allein lassen und sich mit sich selbst beschäftigen. Dadurch könnte, auch wenn das Gefühlsleben des ständigen Elternteils auf Eis liegt, eine Art Dreieckssituation entstehen, die sich positiv auswirkt. Dann stünde das Kind nicht mehr im Mittelpunkt, denn neben ihm gäbe es auch die sozialen Kontakte der Mutter (des Vaters) und deren (dessen) Freude an eigenen Interessen.

In jedem Fall wäre es günstiger, wenn es auf die Dauer einen weiblichen und einen männlichen Erwachsenen im Haushalt gäbe. Wenn nicht beide Geschlechter in seiner unmittelbaren Umgebung vertreten sind, dann kommt es in dem Kind zu einer Art symbolischer halbseitiger Lähmung. Kompensiert werden kann dieser Mangel, wenn es in der näheren Umgebung eine Familie gibt, wo das Kind gern hingeht und freundlich aufgenommen wird: Paten, ein Onkel, eine Tante oder Freunde, zu denen das Kind gehen kann, ohne die Eifersucht der Mutter zu wekken. »Was hat denn deine Tante bloß, was ich nicht habe, daß du alles, was sie sagt, so wichtig nimmst«, sagen manche Mütter, und dem Kind fällt es schwer, seine Antwort in Worte zu fassen: »Sie hat einen Mann«, obgleich es genau das ist, was die Tante so anziehend macht.

Ist es bei Geschwistern besser, sie zusammen zu lassen und gemeinsam einem Elternteil zuzusprechen, oder sollte man sie trennen?

Auch hier liegt jeder Fall anders. Solange sie klein sind, ist es vertretbar, sie nicht zu trennen. Wenn sie größer werden, ist nicht unbedingt sicher, daß sie zusammenbleiben sollten, denn dadurch entsteht leicht eine zu enge und zu ausschließliche Geschwisterbeziehung, die Gefahren für die Entwicklung in der Pubertät bergen kann, besonders, wenn es sich um einen Bruder und eine Schwester handelt.

Unterstützt die Tatsache, daß das Sorgerecht überwiegend der Mutter zuerkannt wird, beim Kind nicht den Eindruck von der Allmacht der Mutter?

Das gilt vor allem für Mütter, die den Kontakt zu ihrer sozialen Umwelt aufgegeben haben. Nichts ist schlimmer für Kinder als eine Mutter, die zum Ausdruck bringt: »Ich habe alles für euch geopfert«; denn das bedeutet, daß sie das Leben einer Witwe oder einer alten Jungfer geführt hat, ohne es zu sein, aber immer mit der Ausrede, sie habe doch die Kinder zu versorgen. Die Auswirkungen davon zeigen sich langfristig, nicht nur bei den Kindern, sondern bis in die Generation der Enkel hinein. Die Kinder leben mit dem Gefühl, kleine Sadisten gewesen zu sein. Sie glauben, ihre Mutter tyrannisiert zu haben. Und ich glaube nicht, daß der Exmann Schuld an dieser Einstellung trägt, eher schon die durch das Scheidungsurteil entstandene Situation: Da hat eine Mutter alle Macht und alle Pflichten und lebt, als habe sie keine Freiheit. Und das wäre in jedem Fall so gewesen, ganz gleich, ob es nun dieser Mann war, von dem sie geschieden wurde, oder ein anderer.

Jedenfalls ist es erstaunlich, daß früher die meisten Richter, die ja Männer waren, prinzipiell nur den Frauen das Sorgerecht für die Kinder zusprachen.

In den Familiengerichten sitzen heutzutage viele Frauen als Richterinnen. Ich habe gelesen, daß sie eher dem Vater das Sorgerecht zuerkennen als die männlichen Richter.

Ja, das bestätigt meine Worte. Es scheint, daß die männlichen Richter die Kinder eher der Frau zugesprochen haben. Man hat fast den Eindruck, sie fänden es normal, daß Männer mit Kindererziehung nichts zu tun haben wollen und die ganze Geschichte den Frauen aufhalsen. Oder daß sie, wenn sie ihrer »besseren

Hälfte« den Rücken kehren, auch die Verantwortung für die gemeinsamen Kinder los sind.

Bei den Männern der westlichen Welt ist übrigens immer noch die Ansicht weit verbreitet, der männliche Samen schenke der Frau ein Kind, ansonsten hätten sie aber nichts mit der Angelegenheit zu tun.

> Anna Freud, Solnit und Goldstein brachten den Gedanken ein, daß bei einem »Loyalitätskonflikt« der sorgeberechtigte Elternteil »das Recht haben solle, darüber zu entscheiden«, ob Besuche des »anderen Elternteils« für das Kind wünschenswert seien oder nicht; ein »gesetzlich festgelegtes Besuchsrecht« solle dem nicht-sorgeberechtigten Elternteil nicht zugestanden werden. Es sei nicht Aufgabe des Staates, die Beziehung zwischen dem Kind und dem anderen Elternteil zu fördern oder zu hemmen, da die betreffenden Erwachsenen diese Beziehung bereits beträchtlich geschädigt haben könnten. Dieser Modus überließe den Eltern die endgültig zu treffende Entscheidung der Verantwortung der Eltern.[14]

Das ist unerhört! Denn der Besuch beim Kind ist eine absolute Pflicht für den anderen Elternteil, und nichts und niemand darf einen Menschen daran hindern, seine Pflicht zu erfüllen.

> Sie sagten, dieser Vorschlag »ziele darauf ab, die bestehende Beziehung zwischen dem Kind und dem sorgeberechtigten Elternteil nicht zu gefährden«.[15]

Keineswegs schafft man eine gesicherte Beziehung dadurch, daß man dem Kind den Kontakt mit dem anderen Elternteil versagt. Das führt im Gegenteil zu tiefer Verunsicherung, nicht erst in Zukunft, sondern von dem Augenblick an, wo diese Maßnahme in Kraft tritt, denn damit wird eine Hälfte des Kindes annulliert, und unausgesprochen gibt man ihm zu verstehen, daß dieser andere ein Mensch sei, der weder Liebe noch Achtung verdient und der an allem schuld ist. Wie soll denn das aussehen: Sicherheit um den Preis der Auslöschung einer Hälfte des Kindes? Das ist, als wollte man die innere Einheit des Kindes dadurch zustande bringen, daß man ihm nur einen Elternteil, eine einzige Person zugesteht. Ich nenne das Regression. Als wäre der Dritte kein Mensch, sondern nur eine Plazenta. Als ob der oder die betreuende Sorgeberechtigte schon genug für das Kind wäre! Als ob das Kind, wenn es nur von der Mutter betreut und versorgt wird, keinen Vater brauchte, weil »wir auch ohne ihn auskommen«. Sicher, die nährende Versorgung kann das Kind nicht entbehren. Aber die, die du da zitierst, sehen »nährende Versorgung« nur in dem, was während der Schulzeit geschieht, während doch Bildung und Erziehung in gewisser Weise ebenfalls »nährende Versorgung« sind und auch ihre Zeit brauchen.

In jedem Fall bringt die Scheidung die emotionale Orientierung des Kindes ins Wanken, und damit, daß man zu dem Kind sagt: »Im Grunde macht es nichts aus, wenn du nur mit einem Elternteil lebst«, hilft man ihm nicht, seine Schwierigkeiten zu bewältigen. Im Gegenteil, man muß zu ihm sagen: »Deine Eltern haben sich getrennt, und das schafft dir Probleme. Es fällt dir schwer, deine beiden Eltern liebzuhaben, denn irgendwie denkst du, der eine sei unglücklicher als der andere, und der eine habe den anderen unglücklich gemacht.« Hier müßte noch viel Arbeit geleistet werden, aber nicht durch den Richter, sondern durch außenstehende Dritte, die mit den Kindern sprechen und ihnen zuhören könnten.

Ich habe das ja bereits weiter oben ausgeführt: Kinder brauchen ein Raum-Zeit-Kontinuum, ein affektives und ein soziales Kontinuum.

Es kommt häufig vor, daß der ständige Elternteil das Kind bei der Rückkehr von einem Wochenende oder einem Ferienaufenthalt mit dem nicht-ständigen Elternteil ausfragt und wissen möchte, wie es ihm ergangen ist und was es gemacht hat. Zu diesem Thema hast du geschrieben: »Wenn die Eltern getrennt sind, weiß das Kind in dem Augenblick, wo es beim Vater ist, nicht mehr, wie es sich bei der Mutter verhält. Und wenn die Mutter fragt: ›Was hast du bei deinem Vater gemacht?‹, dann weiß das Kind darauf

nichts zu sagen, denn jetzt ist es bei der Mutter, und damit ist es nicht mehr dasselbe, das es beim Vater war: Jetzt ist es an einem anderen Ort und deshalb selbst auch anders. Und überhaupt, was geht das die Mutter an? Schließlich gehört der Vater doch ihm (oder ihr, wenn es ein Mädchen ist)!«[16]
Gibt es deiner Meinung nach eine optimale Frequenz für das »Besuchsrecht«?

Ich kann dieses Wort Besuchs»recht« nicht mehr hören! Es handelt sich um eine Besuchspflicht, welcher der nicht-ständige Elternteil nachzukommen hat. Von einem »Recht« kann hier nicht die Rede sein. Man sollte wirklich die Terminologie ändern.

Ich habe den Terminus benutzt, der auch im Scheidungsurteil verwendet wird.

Man müßte überall statt »Besuchsrecht« *Besuchspflicht* sagen, damit Eltern und Kindern klar wird, worum es geht.

Meistens wird das so gehandhabt, daß der nicht-sorgeberechtigte Elternteil das Kind an zwei Wochenenden und die halben Schulferien bei sich haben kann. Diese Aufteilung ist keineswegs obligatorisch, es ist die übliche Praxis der Gerichte, wobei die Häufigkeit höher ausfallen kann: Manche Richter geben noch einen oder zwei Mittwoch-Nachmittage* dazu. Zwei Tage pro Woche, das sind hundertvier Tage pro Jahr, und deiner Ansicht nach ist dies das Minimum an Zeit, die ein Kind mit seinem anderen Elternteil verbringen sollte.[17] Damit kommst du ungefähr auf die gleiche Anzahl von Tagen, die für gewöhnlich auch von den Richtern zugestanden wird.

Es kommt nun aber auch vor, daß es dem nicht-sorgeberechtigten Elternteil nicht möglich ist, dem nachzukommen, was ich seine »Besuchspflicht« nenne und was auch allgemein als Pflicht anerkannt werden sollte. Das kann am ständigen Elternteil liegen

* In Frankreich ist der Mittwoch nachmittag schulfrei. (Anm. d. Red.)

oder auch am Kind, das jedesmal psychosomatische Reaktionen zeigt, wenn der Besuch stattfindet. Hier ist es also das Kind, das es dem nicht-ständigen Elternteil nicht »erlaubt«, zu Besuch zu kommen. In einem solchen Fall sollte festgelegt werden, daß die im Laufe des Jahres nicht genutzte Zeit neu verteilt wird.

Hast du so etwas wie eine Pauschale im Auge?

Ja, genau. Eine Zeitpauschale, die entsprechend den geographischen Gegebenheiten, der räumlichen Entfernung aufgeteilt werden kann.

Könntest du einmal präzisieren, was du unter den »psychosomatischen Reaktionen« des Kindes anläßlich der Besuche verstehst?

Wenn das Kind den Elternteil zu Gesicht bekommt, den es für gewöhnlich nicht sieht, dann kann es zum Erbrechen aus innerer Erregung kommen: Das ist eine psychosomatische Reaktion. Auf diese Weise drückt das Kind etwas aus, was es nicht aussprechen kann: Indem es seinen Mageninhalt wieder von sich gibt, der unbewußt mit »Mama« assoziiert wird, schafft es Raum für »Papa«, denn die beiden könnten ja in seinem Inneren Krach kriegen. Das Kind entfernt nun alles, was in ihm ist, damit in seinem Inneren kein Krieg ausbrechen kann. Natürlich ist das eine unbewußte Ausdrucksweise, die das Kind nicht mit Worten erklären könnte.

Als psychosomatische Reaktionen werden auch genannt: Bauch- und Kopfschmerzen, Fieberschübe oder Schmerzen in den Knien.

»Das Unbewußte ist wie eine Sprache strukturiert«: Manche unserer Körperteile sind auf eine spezifische Weise ausdrucksfähig, ohne daß wir uns dessen bewußt sind.

Meinst du, die behandelnden Ärzte, von denen meist ein Attest verlangt wird, sollten derartige Anzeichen besser kennen und imstande sein, sie dem Kind zu erklären?

Ja, natürlich! Ein Arzt, der ein Attest ausstellen soll, hat die denkbar beste Gelegenheit, dies nicht zu tun, sondern statt dessen mit dem Kind darüber zu sprechen, was seine Symptome ausdrücken wollen. Er könnte aber auch ein Attest ganz anderer Art ausstellen; der Arzt könnte nämlich schreiben: »Hiermit bescheinige ich, daß das Kind mir erzählt, daß es sehr aufgeregt ist, wenn es seinen Vater sieht, und daß ihm das den Magen umdreht. Es kann nichts dagegen tun. Es erbricht aber nicht etwa, weil es seinen Vater nicht liebhat, sondern weil es völlig durcheinander ist, wenn es ihn nach so langer Zeit wiedersieht.« Ein solches Attest hätte eine phantastische Wirkung.

Diese psychosomatischen Symptome sind nie ein schlechtes Zeichen. Sie sind eine Sprache, die entschlüsselt und dem Kind erläutert werden muß, dessen Körper das ausdrückt, was es mit Worten nicht sagen kann.

> Sehr oft werden die Symptome jedoch negativ interpretiert, nämlich als ein Zeichen dafür, daß das Kind den anderen Elternteil nicht sehen will.

Die Sprache des Unbewußten ist immer positiv; doch die Mutter kann zu der Überzeugung gelangen, das Kind sei krank, weil ihm sein Vater nicht guttut. Übrigens würde das Kind vermutlich dieselben Symptome zeigen, wenn es beim Vater lebte und die Mutter nur selten sähe, denn dieses Phänomen ist von der Situation abhängig, nicht von den beteiligten Personen. Manchmal ist es einem Kind, das mit der Mutter allein lebt, tatsächlich nicht möglich, »mit dem Vater auf gutem Fuß zu stehen«, weil die Mutter die Beziehung des Kindes zu ihrem Exgatten auf eine Weise arrangiert, die dem Kind den Übergang vom einen zum anderen erschwert, wodurch es zu Störungen im vegetativen System des Kindes kommt. Es gerät innerlich durcheinander, wenn die Mutter ihm den Vater als gleichgültig oder gar gefährlich schildert, weil er sich nicht mit dem Kind abgab, solange es ein Baby war. Dabei ist das doch völlig richtig und in Ordnung, denn das gehört nicht zu seiner Rolle als Mann. Daß ein Vater sich nicht mit dem Baby beschäftigt, solange es noch nicht spricht, heißt noch lange nicht, daß er nicht an dem Kind hängt. Sehr häufig brauchen Väter die Vermittlung der Mütter, um eine Beziehung zu ihrem Kind herzustellen: Die Mutter weckt das Interesse des Kindes am Vater, damit dieser seinerseits Interesse am Kind bekommt. Erst wenn das Kind mit achtzehn Monaten selbst laufen kann, fängt der normal-männliche Mann an, sich mit ihm abzugeben. Männer, die sich aus eigenem Antrieb um Säuglinge und Babys kümmern, sind im allgemeinen eher feminin und gewissermaßen eifersüchtig auf die Gebärfähigkeit der Frauen.

Ich glaube, es wäre für die Entwicklung von Kindern geschiedener oder getrennt lebender Eltern ungemein förderlich, wenn es neutrale Orte gäbe, wo Ärzte diesen Kindern dabei behilflich sein könnten, ihre nonverbale Körpersprache zu verstehen.

Außerdem könnten die Ärzte, die ein Kind mit Symptomen, wie wir sie beschrieben haben, in ihrer Praxis zu Gesicht bekommen, in ihr Attest schreiben, daß *nach Aussage der Mutter* das Kind diese psychosomatischen Reaktionen nur zeigt, wenn es seinen Vater trifft; sie könnten ausführen, daß man diese Störung auch so verstehen kann, daß das Kind damit etwas ausdrücken will, was es mit Worten nicht sagen kann. Sie könnten dann den Vorschlag machen, die einzelnen Besuchstage zu einer größeren Zeiteinheit zusammenzufassen, da das Kind offenbar darunter leidet, den Vater nur alle zwei Wochen zu sehen.

Ich glaube, Kinderärzte reagieren zunehmend sensibler auf solche Situationen. Sie sollten, wenn sie ein Attest ausstellen, immer ausdrücklich schreiben, daß die Information, unter welchen Bedingungen die Störung beim Kind auftritt, von der Mutter stammt.

Angesichts all dessen, was ich gerade ausgeführt habe, setze ich meine Hoffnung auf die Einrichtung von Tagheimen, wo Kinder auf den Besuch des jeweiligen Elternteils warten können. In Paris hatte eine Stiftung ein solches Heim errichtet, mit einem Spielzimmer und vor allem mit Räumen, wo man sich treffen und zusammensitzen konnte. Dort standen auch Erzieher zur Verfügung. Das wäre der geeignete Ort, wo das Kind am Besuchstag auf seinen Vater warten könnte. Und an diesem Tag dürfte die Mutter dann nicht mehr das Recht haben, das Kind bei sich zu behalten. Den Müttern müßte gesagt werden, daß sie an dem Tag, der dem Besuch des Vaters vorbehalten ist, das Kind nicht zu Hause behalten dürfen. Will das Kind seinen Vater nicht sehen, dann soll sie es zu Verwandten oder zu Paten schicken.

Wie oft habe ich erlebt, daß Mütter vor Verwunderung große Augen bekamen, wenn ihnen dieselbe »Kastration« zugemutet wurde wie ihren Kindern, denn als solche empfinden sie es, wenn man zu ihrem Kind sagt: »Deine Mutter ist nicht dein Eigentum«. Die Scheidung liefert mancher Mutter den Vorwand dafür, ihr Kind zum Wächter gegen Veränderungen zu machen.

Ich habe einmal erlebt, wie eine Mutter sich dieses Problems bewußt wurde. Als sie es begriffen hatte, entschloß sie sich, ihr Kind am Besuchstag des Vaters zu einer Freundin zu schicken. Beim Abholen am Abend fragte das Kind: »Was hast du denn mit deinem Tag angefangen?«, und sie gab ihm zur Antwort: »Das brauchst du nicht zu wissen. Ich bin eine Frau, und ich habe meine Freiheit.« Das ist eine Vorgehensweise, bei der es nicht dazu kommt, daß die Mütter in die unnatürliche Haltung verfallen, ihr Kind von seinen Pflichten dem Vater gegenüber abhalten zu wollen.

Leider sind die Gesetze an dieser Stelle nicht eindeutig; sie schreiben nicht klipp und klar vor, daß die Mutter das Kind am Besuchstag des Vaters nicht bei sich behalten sollte, ob der Vater das Kind nun besucht oder nicht.

Die Gesellschaft hat die Aufgabe, die Mutter darin zu bestärken, daß sie den Vater nicht an der Erfüllung seiner Besuchspflicht hindert. Bleibt das Kind, ob Junge oder Mädchen, auch an diesen Tagen in der Obhut der Mutter, dann glaubt es schließlich, ein Recht auf sie zu haben. Diese enge Bindung an die Mutter führt das Kind nach und nach in die immer ausweglosere Lage, sein Leben an der Seite einer Frau verbringen zu müssen, die wie eine Nonne lebt und doch keine ist.

Du empfiehlst demnach, daß der ständige Elternteil das Kind am Besuchstag auf keinen Fall bei sich behalten sollte, auch dann nicht, wenn es mit Körpersymptomen reagiert, verängstigt ist oder nicht mit dem anderen Elternteil mitgehen will.[18]

Es ist sehr wichtig, daß der Elternteil, bei dem das Kind normalerweise wohnt, ihm an diesem Tag sagt: »Heute kann ich nicht mit dir zusammensein, denn heute ist der Tag, an dem du zu deinem Vater (oder deiner Mutter) gehörst.« Denn es ist ja tatsächlich so, daß das Kind dem Elternteil gegenüber, mit dem es nicht zusammenlebt, eine Verpflichtung hat, die es erfüllen muß.

Der ständige Elternteil muß nun das Seine dazu beitragen, nämlich Zeit und Raum für die Begegnung dadurch gewähren, daß er am Besuchstag nicht bei dem Kind bleibt – auch dann nicht, wenn das Kind sich weigert, den anderen Elternteil zu sehen, oder dieser gar nicht kommt. Hier ist der Punkt, wo die Sache schwierig wird: Wenn nämlich der andere Elternteil nicht kommt, müßte das Kind allein in der Wohnung bleiben. Deshalb empfehle ich immer wieder die Einrichtung eines neutralen Ortes in jeder Stadt, so etwas wie einen »Kinder-Klub«, in dem genügend Erzieher für die zu erwartende Anzahl Kinder bereitstehen. Dort könnten die Kinder den Tag verbringen, an dem ihr nicht-ständiger Elternteil sie besuchen sollte, und zwar vor allem jene Kinder, bei denen bekannt ist, daß der nicht-ständige Elternteil nie kommt. Auf diese Weise kann das Kind erleben, daß gesetzliche Vorschriften erfüllt werden müssen: An diesem Tag darf es nicht mit seinem ständigen Elternteil zusammensein, auch wenn der nicht-ständige Elternteil seiner Besuchspflicht nicht nachkommt.

Manche Kinder macht das krank, und psychosomatisch gesehen sind sie auch tatsächlich krank. Deshalb sollte es an solchen »neutralen Orten« auch einen Arzt geben. Dann könnte das Kind dort krank sein und könnte mit Hilfe des Arztes seine psychosomatischen Reaktionen verstehen. Wenn es erbricht, weil es seinen Vater oder seine Mutter wiedersieht, dann könnte eine neutrale Person – vielleicht ein Pfleger, eine Krankenschwester –

dort mit ihm darüber sprechen, was das wohl heißen kann, wenn sich einem »der Magen umdreht«, weil man mit dem anderen Elternteil zusammensein muß.

Für ein Kind ist es ungemein wichtig, für sein Leid Gehör zu finden, doch darf das nicht als Vorwand dafür dienen, daß der ständige Elternteil dem Kind an diesem Tag Beistand leistet. Es geht auch nicht so sehr darum, den ständigen Elternteil einen Tag lang von seinen Pflichten zu befreien; es geht mehr darum, das Kind dazu anzuhalten, seine *Pflicht als Kind eines Paares* zu erfüllen. Ich bin der festen Überzeugung, daß ein Kind sich seine Eltern *ausgesucht* hat und daß es ihnen gegenüber ebenso Pflichten hat wie die Eltern dem Kind gegenüber.

Die Besuchspflicht, die der Vater oder die Mutter dem Kind gegenüber hat, ist eine Verpflichtung, die aus der Verantwortung für das Kind erwächst. Dem Kind gegenüber, auch wenn es noch klein ist, muß jedoch ausgesprochen werden, daß es sich ebendiesen Elternteil *erwählt* hat, um zur Welt zu kommen. In Kinderkrippen arbeite ich mit Kindern, die noch nicht einmal drei Jahre alt sind. Wenn diese Kinder hören, daß sie sich ihre Eltern selbst ausgesucht haben, dann fangen ihre Augen plötzlich an zu strahlen. Sie setzen sich gerade und aufrecht hin: Auf einmal spüren sie, daß ihr Platz der richtige ist.

> Die Besuchspflicht appelliert also gewissermaßen an das moralische Gewissen des jeweiligen Elternteils, während dem Kind die Pflicht beigebracht werden muß, auf Vater oder Mutter zu warten.

Ja, das Kind muß über diese Verpflichtung belehrt werden. Man muß ihm mit Worten klarmachen, daß es nicht das Recht hat, sich selbst weh zu tun: eine solche Aussage hat eine stark strukturierende Wirkung auf das Kind. Und deshalb darf es auch keinem seiner beiden Eltern, die es liebhat, weh tun, denn damit würde es gleichzeitig sich selbst Schmerz zufügen. Und es genügt, wenn man hinzufügt: »Ich sage dir das jetzt, weil es wahr ist; aber wenn du größer bist, wirst du es selbst verstehen.«

Aber sehen denn die Eltern ein, daß es notwendig ist, dem Kind diese Erklärung zu geben?

Wenn man die Eltern anweist, zu ihrem Kind zu sagen: »Wenn du groß bist, wirst du es verstehen; aber solange du klein bist, muß ich es dir sagen«, dann spricht dies das »Kind-Ich« der Eltern an, das davon nichts hören wollte. Denn die Eltern projizieren sich selbst in ihr Kind: In ihrer Vorstellung hat ein dreijähriges Kind noch keinerlei Verpflichtungen. Dabei hat es durchaus Verpflichtungen, nämlich die, sich weder zu vergiften noch zu verstümmeln, all jene Verpflichtungen, die aus dem analen Tabu herrühren: Es darf keinem Menschen Schaden an seinem Leib zufügen, auch nicht sich selbst. Niemand hat das Recht, über den eigenen Körper zu verfügen, denn dieser Körper ist immer Teil einer Liebesbeziehung zu dritt. Damit sind wir immer auch »Liebesobjekt«, selbst wenn uns der eigene Körper völlig »schnuppe« ist.

Bei den Tieren sprechen wir von einem Selbsterhaltungstrieb. Beim Menschen wurzelt der Selbsterhaltungstrieb in dem Tabu, sich nicht absichtlich körperlichen Schaden zuzufügen, auch nicht unter dem Vorwand, es den Eltern oder sonst jemandem einmal »zu zeigen«. Denken wir nur einmal an »Poil de carotte«*. Ein Kind spürt, daß es zu jemandem gehört, und sagt sich: »Also, dir werd' ich's zeigen! Keinen Bissen esse ich!« Oder: »Ich springe aus dem Fenster, ich bring' mich um, und dann wirst du schon sehen ...« Wie viele Heranwachsende begehen Selbstmord, nur um es ihren Eltern einmal »richtig zu zeigen«. Das kommt davon, daß sie als Kind die prägende Kraft des Gesetzes, sich selbst keinen Schaden zuzufügen, nicht erfahren haben – solche Dinge lehren die Erzieher heute nicht mehr. Und Erziehung in der Schule gibt es auch nicht mehr. In den Lehrplänen unseres staatlichen Erziehungssystems steht nichts davon, daß man Kinder dazu erziehen muß, ihre Pflichten sich selbst

* Jules Renard: »Poil de carotte«, bekanntes und beliebtes Jugendbuch in Frankreich. Deutsch: »Rotfuchs«. (Anm. d. Übers.)

gegenüber zu akzeptieren und zu erfüllen. Früher brachten die Lehrer den Kindern die Pflicht zur Sauberkeit bei: Nägelkauen war verboten, und so bekamen die Kinder auch nicht die Wurmeier unter den schmutzigen Nägeln in den Mund. Dabei wußte man damals noch gar nichts von Mikroben. Und heute, wo man weiß, daß unter den Nägeln Mikroben, Wurmeier und aller möglicher Dreck sitzen, schreitet man nicht gegen die üble Angewohnheit des Nägelkauens ein und hält die Kinder auch nicht zum Händewaschen an. Das ist schon merkwürdig. In einem lateinamerikanischen Land – eines dieser Länder, von denen man sagt, sie hätten nicht unser kulturelles Niveau – habe ich erlebt, daß Kinder für die Sauberkeit ihrer Schuhe verantwortlich waren. An der Schultür liegen eine Bürste und Schuhcreme. Jemand zeigt den Kindern, wie man Schuhe putzt. Niemals käme jemand auf den Gedanken, den Kindern zu sagen, Schuheputzen sei Sache der Eltern. Es ist ihre Sache. Bei uns dagegen putzt die Mutter die Schuhe. Mit sechs Jahren kann ein Kind seine Schuhe sehr wohl selber putzen; und sogar schon unter sechs. Und ein drei- oder vierjähriges Kind ist durchaus imstande, dafür zu sorgen, daß es mit sauberen Händen und Schuhen und ordentlich gekämmt in die Schule geht.

Erziehung ist das, was beim Menschen dem Selbsterhaltungstrieb der Tiere entspricht – und Erziehung wird vom gesprochenen Wort getragen.

Gerät das Kind in Verwirrung über Raum und Zeit, wenn der nicht-ständige Elternteil seiner Besuchspflicht, wie du es nennst, nicht nachkommt: seiner Verpflichtung, an festen und dem Kind vorher bekanntgegebenen Besuchstagen zu seinem Kind zu kommen?

Ich weiß nicht, ob feste Besuchstage notwendig sind, aber auf jeden Fall muß das Kind im voraus wissen, wann Besuchstag ist. Es muß vorher informiert werden, und das Ereignis muß dann auch eintreten. Das ist genauso wie bei den Kindern in der Kinderkrippe oder im Hort der Sozialfürsorge[19]: Wir erleben sehr oft, daß die Eltern sagen, sie kämen am Sonntag; das Kind stellt sich darauf ein – und dann kommen sie nicht. Dann kommt es dazu, daß die Struktur dieser Kinder ins Wanken gerät; sie werden allmählich psychotisch.

Jedes Kind braucht Bezugspunkte in Raum und Zeit, denn diese gehören zum Wesen des Menschen. Bei Kindern sind die räumlichen und zeitlichen Bezugspunkte verknüpft mit festumschriebenen Beziehungen zu Menschen und zu gesprochenen Worten, in denen die Achtung vor dem Raum- und Zeitsystem des Kindes zum Ausdruck kommt. Ich wiederhole, was ich immer wieder sage: Wenn die Eltern nicht kommen, obwohl sie es angekündigt hatten, muß man das dem Kind mit Worten verständlich machen. Alles, was nicht in Worte gefaßt wird, bleibt auf der animalischen, nicht-menschlichen Ebene; was in Worten ausgedrückt wird, wird humanisiert.

Es kann aber doch sein, daß der ständige Elternteil keine Lust verspürt, dem Kind eine Erklärung für die Abwesenheit des anderen Elternteils zu geben. Das dürfte sicher der Fall sein, wenn der ständige Elternteil früher selbst darunter gelitten hat, daß der andere seine Zusagen nicht einhielt, wortbrüchig wurde.

Ja, das ist manchmal tatsächlich schwierig. Doch der ständige Elternteil, die Mutter zum Beispiel, könnte zum Kind sagen: »Du wartest auf deinen Papa. Ich weiß nicht, was passiert ist, aber er ist nicht gekommen. Jetzt bist du traurig, bist vielleicht wütend. Vielleicht ist deinem Papa nicht klar, wie wichtig dir seine Besuche sind. Du könntest ihm schreiben oder ihm ein Bild malen, dann versteht er vielleicht besser, daß du ihn brauchst und daß er kommen soll.«

Aber natürlich sind nur wenige Eltern imstande, in dieser Weise zu ihrem Kind zu sprechen.

Erschwert es nicht die Beziehung des kleinen Kindes zum nicht-ständigen Elternteil, wenn dieser schon frühzeitig mit seinem Hab und Gut aus dem Leben des Kindes verschwindet? Kinder hängen doch oft an bestimmten Gegenständen, die sie mit einem Elternteil in Verbindung bringen, und sie haben einen völlig anderen Zeitbegriff als Erwachsene. Andererseits geht aus einer kürzlich durchgeführten Untersuchung hervor, daß Väter, die ihre Kinder nicht mindestens bis zum fünften Lebensjahr mit aufgezogen haben, diese viel seltener besuchen als Väter, deren Kinder bei der Scheidung fünf Jahre alt oder älter waren.[20]

Eine solche Situation wirkt normalerweise destrukturierend auf das kleine Kind, denn seine affektive Entwicklung fällt in eine Zeit, in der sein Vater oder seine Mutter oder beide Eltern, die ihm gerade jetzt, in dieser Phase, Sicherheit gewährleisten sollten, selbst in einer affektiven Krise sind.

Übrigens ist es ja so, daß das Kind, so wie es oft genug »seine Mutter erschafft«, auch die Vaterfunktion hervorruft. Ich habe das schon früher gesagt: Manche Väter brauchen Zeit, um Väter zu werden. Erst muß das Kind den Vater lieben und seine Väterlichkeit herauslocken, dann kann er auch seinerseits das Kind lieben. Wird nun die Vater-Kind-Beziehung durch Trennung oder Scheidung zu früh unterbrochen, dann fällt es dem Vater möglicherweise nicht leicht, seine Vaterrolle auszufüllen.

Es ist auch nicht leicht, den richtigen Rhythmus für die Besuchstage zu finden. Wenn nämlich der nicht-ständige Elternteil das Kind häufig beim ständigen Elternteil besucht, dann könnte das zu einer zweideutigen Situation führen, so als ob die Eltern noch zusammenlebten, was ja nicht stimmt. Und die Eltern haben auch nicht mehr das gleiche innere Einverständnis wie zu der Zeit, als sie sich liebten.

Eine Lösung wäre zum Beispiel, daß der nicht-ständige Elternteil das Kind in der Krippe oder bei der Tagesmutter besucht. Aber auch da kann die Sache zweideutig aussehen, vor allem, wenn die Tagesmutter eine Familienangehörige ist.

Es gibt ja auch das Telefon; aber oft wissen Eltern gar nicht, daß auch schon ein Baby eine Stimme erkennen und Worte verstehen kann.

Schon als Baby, das erst wenige Tage alt ist, hat ein Kind ein »Hörvermögen für Worte«[21]. Es stellt eine Beziehung her zwischen der Stimme, den Worten und der Pflegeperson. Hält man ihm den Hörer ans Ohr, dann brabbelt es, lächelt oder weint.

Sobald es laufen kann, spricht es gern ins Telefon, oder es weigert sich zu telefonieren, je nachdem, ob es gerade Lust hat, den Vater zu hören oder nicht. Manchmal versucht ein Kind auch, selbst anzurufen, so wie der Kleine, der mir gerade einfällt: Er war achtzehn Monate alt, und sein Vater mußte aus beruflichen Gründen regelmäßig für ein paar Tage wegfahren. Einmal geschah es, daß der Kleine mitten in der Nacht aufstand und auf einen Stuhl kletterte, um auf das Möbel mit dem Telefon zu kommen. Er nahm den Hörer ab und sagte mehrmals: »Papa, haijo, haijo.«

> Das erinnert mich an einen Anruf,den ich einmal bei mir zu Hause bekommen habe: ein Kinderstimmchen. Mir ging auf, daß die Kleine allein zu Hause war und ein bißchen Angst hatte. Sie hatte ganz allein auf die Tasten des Telefons gedrückt und auf diese Weise meine Nummer gewählt. Wir haben miteinander geredet, bis ihre Mutter zurückkam. Die war sehr überrascht. Sie war einkaufen gegangen, weil die Kleine zu schlafen schien. Sie war erst dreieinhalb, diese Kleine, die mich da angerufen hat.

Ganz unabhängig vom Alter des Kindes sollte im Fall einer Trennung oder Scheidung der ständige Elternteil – bei Kindern unter fünf Jahren also meist die Mutter – Telefongespräche zwischen dem Kind und dem anderen Elternteil unterstützen. Duldet die Mutter diese Anrufe nicht, dann gerät das Kind in einen Zwiespalt. Deshalb müßten Mutter und Vater sich darüber verständigen, wie wichtig diese Anrufe für das Kind sind und wie häufig sie stattfinden sollen. Dabei ist die Regelmäßigkeit wichtiger als die Häufigkeit. Wenn die Eltern sich auf Tag und Stunde einigen können, dann kann das Kind darauf vorbereitet werden: »An dem und dem Tag um die und die Zeit ruft dich der Papa an, und du kannst mit ihm sprechen.« Das bedingt aber auch, daß der Vater sein Wort hält und tatsächlich anruft. Sonst lebt das Kind in der Erwartung von etwas, das nicht eintritt, und nichts ist schrecklicher für ein Kind als ein gebrochenes Versprechen.

Auch die Post ist eine Kommunikationsmöglichkeit, die nicht vom Alter des Kindes abhängt. Auch da ist die Voraussetzung, daß der ständige Elternteil einverstanden ist, den Brief oder die Karte des anderen Elternteils vorliest und nichts dagegen hat, daß das Kind sie beispielsweise am Kopfende seines Bettes aufhängt und daß es mit einem selbstgemalten Bild darauf antwortet, sobald es alt genug dafür ist. Auf diese Weise kann die Beziehung aufrechterhalten werden.

Manchmal wird ein Geschenk des Vaters, an dem das Kind sehr hängt, zum ›Übergangsobjekt‹.* Mit Hilfe eines Übergangsobjekts kann das Kind die Trennung leichter verkraften.

Wenn man ein Kind getrennt lebender oder geschiedener Eltern für eine Psychotherapie zu dir in die Praxis brachte, hast du dann schriftlich oder mündlich mit dem Vater Kontakt aufgenommen, auch wenn der Freund der Mutter das Kind begleitete?

Man kann unmöglich ein Kind behandeln, das glaubt, man setze sich über den Willen derer hinweg, die für sein Leben verantwortlich sind. Sagte der Vater beispielsweise zu mir: »Von mir aus kann das Kind eine Psychotherapie machen, das ist mir egal, Hauptsache, ich muß nichts bezahlen«, dann muß man eben mit dem Kind allein arbeiten, aber eben erst, wenn man mit seinen Erzeugern Kontakt aufgenommen hat.

Wirkt es sich auf die Strukturierung des Kindes aus, ob Unterhaltszahlungen geleistet werden oder nicht?

---

* Nach D. W. Winnicott geschieht beim Kind die Trennung von innerer psychischer Welt und äußerer Welt nicht plötzlich, sondern allmählich im Rahmen eines Übergangsbereichs, der an beiden Welten partizipiert und sich für das Kind konkret an einem Gegenstand, dem Übergangsobjekt, manifestiert.

Der Elternteil, dem die Besuchspflicht obliegt – ob Vater oder Mutter –, zahlt sehr oft gar nicht, oder er zahlt dem anderen Elternteil einen lächerlichen Betrag. Dennoch, auch wenn er nichts zahlt, hat er immer das Recht, sein Kind zu sehen. Für das Kind liegt darin etwas Merkwürdiges, denn es weiß, daß der Vater es besuchen kommt und dabei doch nicht imstande ist, die Verantwortung für das Kind zu übernehmen. Und niemand erklärt dem Kind, ob diese Unfähigkeit, Verantwortung zu übernehmen, ein gewollter Zustand ist oder nicht.

Man macht dem Kind auch nicht klar, daß diese Unfähigkeit des anderen Elternteils – im allgemeinen des Vaters – nicht unbedingt bedeutet, daß er kein Interesse an der Entwicklung des Kindes hat: Der Vater kann ja auch darunter leiden, daß er nicht imstande ist, für den Unterhalt seines Kindes aufzukommen, zum Beispiel, wenn er arbeitslos ist. Es wäre im übrigen durchaus zu wünschen, daß der Elternteil, der nicht bezahlt oder es gar so arrangiert, daß er nicht bezahlen muß, das Kind nicht irgendwo treffen kann, wo es ihm paßt, sondern daß der Besuch in einem besonderen Rahmen stattfindet, wo er kein Geld ausgeben muß. Ich denke dabei an von der Stadt eingerichtete Begegnungsstätten, wo sich in strittigen Fällen Eltern und Kinder treffen können. Für das Kind ist es keineswegs gleichgültig, ob der Vater Unterhalt bezahlt oder nicht. Deshalb sollte meiner Meinung nach der Vater, der nicht finanziell für sein Kind aufkommt, dieses an einem »neutralen Ort« treffen, nicht aber an einem Ort, den er ausgesucht hat. Schau dir doch diese Männer an, die kein eigenes Heim haben, die bei einer anderen Frau oder bei einem Freund wohnen: Was tun sie? Sie treffen sich mit ihren Kindern in Cafés, statt an einem Ort, wo man miteinander reden könnte, wo es Spiele, vielleicht einen Fernseher gibt – einen Ort, wo ein lebendiger Kontakt möglich ist, nicht der lähmende Kontakt mit einem Vater, der sich dem Kind nicht als verantwortungsvolles Vorbild präsentieren kann.

Deshalb ist mir die Idee solch neutraler Orte so wichtig, denn sie könnten meiner Meinung nach eine echte Vorbeugefunktion erfüllen im Hinblick auf die Probleme, die bei Kindern infolge einer

Scheidung auftreten können. In allen Städten müßten solche Zentren eingerichtet werden. Zentren für Kinder, deren Mutter sagt: »Das Kind kann seinen Vater nicht sehen, davon wird es krank.«

Andererseits glaube ich – und ich habe das ja auch bereits zum Ausdruck gebracht –, daß man auch einmal ins Auge fassen könnte, die Besuchstage für einen längeren Aufenthalt bei dem Elternteil, bei dem das Kind nicht lebt, zusammenzufassen, denn für ein Kind ist es viel weniger schmerzlich, diesen anderen Elternteil eine Zeitlang gar nicht zu sehen – und dann für eine gewisse Zeit bei ihm oder ihr zu leben –, als derart in kurze Einzelbesuche aufgeteilt (nur einmal alle zwei Wochen). Das Kind könnte beispielsweise zwei Monate nacheinander beim anderen Elternteil verbringen, um die Zeit aufzuholen, während der es den Vater oder die Mutter im Lauf des Jahres nicht zu Gesicht bekommen hat. Mit Sicherheit ist das für ein Kind weniger traumatisierend, als einen Menschen, an dem es hängt, nur hie und da zu sehen. Vielleicht stimmt es, daß ein Kind davon krank wird, daß es mit einem seiner Eltern nur gelegentlich für vierundzwanzig Stunden zusammensein kann. Es verzichtet und muß sich deshalb übergeben.

Warum sollte es dagegen nicht eine gewisse Zeit ständig mit dem anderen Elternteil verbringen? Vielleicht ein Drittel der Zeit, weil auch das Kind ein Teil im Spiel des Begehrens ist, das sich so in drei Teile teilen läßt: das Begehren des Kindes, geboren zu werden, und das Begehren der Eltern, das zu seiner Empfängnis führte.

Noch ein Wort zur väterlichen Verantwortung: Ein Vater, der keinen Unterhalt zahlen kann, der aber trotzdem am Besuchstag Geld ausgibt, ist kein Vorbild für die Entwicklung des Kindes; er ist kein Modell fürs Erwachsenwerden. Solche Väter verhalten sich wie Kinder, die ein bißchen Taschengeld haben und sich damit mit ihren Kindern vergnügen. So verhält sich kein verantwortungsbewußter Erwachsener.

Ich habe erlebt, wie es zu Zank und Streit in Familien kam, wo der Vater nicht zahlen konnte (oder die Situation entsprechend arrangiert hatte): Er wollte dringend seine Kinder sehen und war doch nicht in der Lage, Geld für sie zu verdienen. Eine solche Situation verwirrt die Kinder in ihrem Verantwortungsgefühl, da sie sich in dem Maße, wie sie heranwachsen, verpflichtet fühlen, Mitleid mit diesem armen Mann zu haben, und sich schuldig fühlen, weil sie ihm durch ihre Geburt diese Last aufgebürdet haben. Und trotz allem ist dieses Mitleid ein sehr gesundes Gefühl, denn wenn das Kind kein Mitgefühl mit dem Vater hätte, dann könnte in ihm Bewunderung entstehen für jemanden, der auf Kosten anderer lebt. Aber wie auch immer: Es ist in jedem Fall ein schwieriges Problem für ein Kind. Ich habe häufig gehört, daß qualifizierte Leute betonen, der Elternteil, der nicht zahlen kann, habe ebensosehr das »Recht«, seine Kinder zu sehen wie der, der zahlt, denn das sei ein »Recht«, das ihm »gegeben worden sei«. Ich fragte mich dann, was wohl ein Kind empfinden könnte, wenn einer von seinen Eltern über den anderen spricht und sagt: »Aber er (sie) ist ja nicht einmal imstande, mir bei der Aufgabe, dich großzuziehen, dadurch behilflich zu sein, daß er (sie) die Hälfte der Kosten trägt, die für deinen Unterhalt und deine Erziehung anfallen, bis du selbst einmal deinen Lebensunterhalt verdienst.«

Wenn, wie es häufig vorkommt, der Vater (die Mutter) nicht darunter leidet, nichts zur Erziehung des Kindes beisteuern zu können, oder es gar so »hindeichselt«, daß er (sie) nicht zu zahlen braucht, obwohl er (sie) es könnte, dann entwickelt das Kind eine geringschätzige Haltung gegenüber dem Verantwortungsgefühl.

Wir müssen unsere Kinder zu einem Gefühl der Selbstverantwortung erziehen, und das ist etwas völlig anderes als das Schuldgefühl. Es ist eher das genaue Gegenteil: Je weniger Schuldgefühle ein Mensch hat, desto mehr Verantwortungsbewußtsein hat er.

Es wird etwas Grundlegendes verfälscht, wenn zum Beispiel ein Vater, der unfähig ist, die erforderlichen Mittel für die Erziehung seines Kindes aufzubringen, krampfhaft an dem Wunsch festhält, es zu sehen, sei es aus einem quasi mütterlichen Bedürfnis heraus, sei es im Namen der angeblichen »Ausübung seiner Autorität«, während er doch keinerlei Verlangen zeigt, ein verantwortungsvoller Mann zu sein, keinerlei Bedürfnis an den Tag legt, dem in Entwicklung befindlichen Jugendlichen ein Vorbild zu sein.

Es sind schon Kinder von ihrer Mutter zu mir in die Klinik gebracht worden, die wahrhaftig psychologische Hilfe brauchten, um schwierige Entwicklungsschritte zu bewältigen. Ich bestand dann immer darauf, den Vater zu sprechen. Wenn es mir dann gelang, ein Gespräch herbeizuführen, dann war der Vater häufig ein Mann, der erklärte: »Vorausgesetzt, daß ich nichts bezahlen muß, ist es mir egal, was seine Mutter für das Kind tut. – Finden Sie, daß es in schlechtem Zustand ist? – Ich kann nichts feststellen. Man muß nicht unbedingt gut in der Schule sein, um im Leben etwas zu erreichen« – so etwa konnte die Antwort lauten. So spricht ein Mensch, der sich selbst aufgegeben hat und der – ohne sich dessen bewußt zu sein – sein Kind in einen allmählichen gesellschaftlichen Selbstmord hineinziehen wollte. Und genau das war es, worunter das Kind wirklich litt. Erst in der Praxis des Psychoanalytikers wurde deutlich, daß dem Vater die Zukunft seines Kindes gleichgültig war. Natürlich war der Vater ein Mann, dessen eigener Vater sich nicht um ihn gekümmert hatte, ja, der Schlimmeres getan hatte: Er hatte den Samen des Lebens mißachtet, den er der Frau gegeben hatte, und die Frau hatte das Kind großgezogen, das nun seinerseits Vater geworden war. Unter anderen Umständen hätte dieser Mann sich anders verhalten können: Er wiederholte in seinem Leben nur, was sein eigener Vater getan hatte – ein typisches Merkmal einer »Familienneurose«[22]. Bis zu dessen Pubertät hat das Verhalten eines Mannes für seinen Sohn Vorbildwirkung; aber auch jenseits der Pubertät identifizieren sich viele Menschen noch so stark mit ihren Eltern oder einem Elternteil, daß sie jene nicht ohne Schuldgefühle beurteilen können; dabei wäre es die Aufgabe eines heranwachsenden Menschen, zu einem Verständnis der körperlichen und moralischen Unzulänglichkeiten seiner Erzeuger zu gelangen, ohne sich weiterhin mit ihnen zu identifizieren – wozu ein kleines Kind nicht in der Lage ist.

Ein Vater oder eine Mutter, die wegen »böswilligen Verlassens« verurteilt werden, verlieren das Recht auf die Ausübung ihrer »Besuchspflicht«, solange sie nicht sechs Monate lang ihren finanziellen Verpflichtungen nachgekommen sind.

Statt von »Zahlungsunfähigkeit« spricht man von »böswilligem Verlassen«, obgleich es sich nicht unbedingt um ein moralisches, sondern eher um ein finanzielles »Im-Stich-lassen« handelt, um fehlendes Verantwortungsbewußtsein im materiellen Bereich.

Oder um fehlende materielle Möglichkeiten . . .

. . . was zu verantwortungslosem Handeln führt. Aber diese Verantwortungslosigkeit ist faktisch nur eine Unzulänglichkeit. Sie beim Namen zu nennen, ist nichts Diskriminierendes. Sie wird im Gegenteil dann zur Verantwortungslosigkeit, wenn man sie nicht beim Namen nennt. Wenn man sie etwa folgendermaßen beim Namen nennt: »Der Vater (oder die Mutter) ist derzeit außerstande, sich verantwortlich zu verhalten, möchte aber gern wieder dazu imstande sein«, dann hat man damit doch einen ganz anderen Menschen im Blick als einen, der etwa sagen würde: »Dieses Kind geht mich nichts an, und großziehen will ich es auch nicht. Es ist mir völlig gleich, was aus ihm wird.« Solche Väter oder Mütter gibt es tatsächlich; und es ist besser, wenn sie das freimütig aussprechen können. In der Praxis des Psychoanalytikers sprechen sie frei von der Leber weg, was sie andernorts nicht tun, und dieses Verschweigen wirkt schädigend auf das Kind.

Es gibt Eltern, die wegen »böswilligen Verlassens« oder wegen »Nichtherausgabe des Kindes« zu Haftstrafen verurteilt werden. Hältst Du es für wünschenswert, daß das Kind in diesem Fall seinen Vater oder seine Mutter im Gefängnis besucht?

Auch wenn das Kind Vater oder Mutter im Gefängnis besucht, kann es seine Wertschätzung für diesen Elternteil bewahren. Voraussetzung dafür ist allerdings, daß man ihm erklärt, warum

Vater oder Mutter mit dem Gesetz in Konflikt gekommen sind, weil nämlich er oder sie das Gesetz mißachtet haben, obwohl sie es kannten, oder aber daß sie das Gesetz nicht kannten, weil ihr Vater (oder ihre Mutter) sie aus irgendwelchen Gründen nicht wirklich erzogen hatte: Vielleicht kannte der betreffende Elternteil seinen Vater (oder seine Mutter) gar nicht, vielleicht waren seine Eltern ums Leben gekommen. Vielleicht gab es aber auch irgendein Ereignis, wodurch die Strukturierung dieses Menschen, der nun Vater oder Mutter geworden ist, behindert wurde, der aber trotzdem ein liebender Vater oder eine liebende Mutter sein und von dem Kind geliebt werden kann. Deshalb kann das Kind diesen Elternteil auch im Gefängnis besuchen, aus dem er eines Tages ja auch wieder herauskommt.

Wenn ein Erwachsener, der für ein Kind verantwortlich ist – ob Vater oder Mutter –, eine reale Fehlhandlung begangen hat, dann hat das Kind in diesem Elternteil einen Schatz der Vergebung und Verzeihung; Voraussetzung dafür ist allerdings, daß man es dem Kind ermöglicht, zu diesem Vater oder dieser Mutter voller Bewunderung aufzuschauen, wobei diese nicht dem Fehlverhalten, sondern dem Menschen gelten soll, der daran innerlich leidet. Oft genug liegt nämlich kein Charakterfehler vor, sondern die Fehlhandlung, die Tat war eher das Ergebnis der Umstände und entsprang nicht dem freien Willen. Auf jeden Fall darf kein Mensch mit der Tat, die er begangen hat, identifiziert werden, weder mit einer guten noch mit einer verbrecherischen Tat.

Wie reagiert denn ein Kind, ein Säugling oder ein Jugendlicher auf die Praxis des alternierenden Sorgerechts, bei der es abwechselnd von einem Elternteil betreut wird: drei Tage bei dem einen, dann drei Tage bei dem anderen; einen Monat bei dem einen und dann die gleiche Zeit bei dem anderen; vielleicht sogar ein ganzes Jahr?

Auf einer Sitzung traf ich neulich einen Arzt, der früher ein großer Anhänger des alternierenden Sorgerechts gewesen war. Was wir dann aber gesprochen haben – ich für die kleinen, er für die größeren Kinder – stimmte völlig überein. Er, der anfangs für das alternierende Sorgerecht gestritten hatte, plädiert nun ebenso energisch für die ersatzlose Abschaffung dieses Rechts auf abwechselnde Betreuung, zumindest für Kinder unter zwölf Jahren, und zwar deshalb, weil er erlebt hat, daß das immer wieder zu schweren Problemen und zu Selbstmordversuchen führt. Übrigens gerade deshalb hat Madame Pelletier die Kommission über das Sorgerecht ins Leben gerufen: Das Hauptmotiv für die Arbeit dieser Kommission waren die vermehrten Selbstmordversuche bei Kindern, schon bei Siebenjährigen.

Worin liegen denn für die Kinder die Nachteile des alternierenden Sorgerechts, der abwechselnden Betreuung?

Ein Kleinkind, das der alternierenden Betreuung ausgesetzt ist, kann keine Struktur aufbauen: es bleibt in seiner Identität verschwommen. Bei sensiblen Kindern kann das bis zur Zersetzung des Ichs, bis zur Dissoziation gehen.

Die Reaktion, die wir am häufigsten antreffen, ist die, daß das Kind in die Passivität abgleitet. Es verliert seine Unternehmungslust, in der Schule ebenso wie beim Spiel, und es versinkt in Träumereien, die nicht in Kreativität münden; Träumereien können ja auch fruchtbar sein, aber diese hier sind nicht fruchtbar.

Deshalb ist die alternierende Betreuung bis zum Alter von zwölf oder dreizehn Jahren sehr schädlich für Kinder. Ich bin durchaus damit einverstanden, daß ein Kind zum anderen Elternteil geht, sooft es Lust dazu hat und sich das machen läßt, aber es darf nicht sein, daß ein Kind durch die alternierende Betreuung zum Schulwechsel gezwungen wird. Der soziale Bereich ist für die Entwicklung des Kindes ungemein wichtig. Wenn also ein Kind aufgrund des alternierenden Sorgerechts zwei Schulen besuchen muß, die eine beim Vater und die andere bei der Mutter, dann wirkt sich das sehr nachteilig aus, denn das Kind verliert sein Kontinuum gleich in drei Bereichen: das affektive, das räumliche und das soziale Kontinuum werden unterbrochen. Ich habe Fälle erlebt, in denen das Kind die eine Hälfte der Woche im Norden von Paris verbrachte und die andere Hälfte im Süden; so teilten die Eltern ihr »Spielzeug« unter der Woche untereinander auf. Bei der Sitzung, von der ich vorhin sprach, kannten alle Teilnehmer derartige Tragödien, und immer ging es dabei um Folgen des alternierenden Sorgerechts. Meist waren Kinder unter elf, zwölf Jahren die Leidtragenden. Inzwischen ist das alternierende Sorgerecht abgeschafft[23]; nun wird den Eltern das gemeinsame Sorgerecht zugesprochen.

Nach Ansicht mancher Leute wirkt sich das alternierende Sorgerecht auf zwölf- bis dreizehnjährige Kinder ganz anders aus, vor allem, wenn nur jährlich »gewechselt« wird.

Ja, es wirkt sich anders aus als bei einem Kind von acht oder neun Jahren. Trotzdem muß das Kind alle seine sozialen Beziehungen »aufgeben«, wenn es etwa für ein Jahr nach Spanien und dann für ein Jahr nach England geht, um erst bei dem einen und dann bei dem anderen Elternteil zu leben.

Es kommt noch dazu, daß Eltern, die sich trennen, ja sehr unterschiedliche Erziehungsprinzipien haben können.

Damit hat ein Heranwachsender von zwölf oder dreizehn Jahren viel weniger Probleme. In diesem Alter müßte eigentlich jeder Heranwachsende fähig sein, sich um sich selbst zu kümmern und den Eltern mit Duldsamkeit zu begegnen. Es gibt auch Fälle, in denen bereits ein acht- oder neunjähriges Kind die dafür erforderliche Reife hat. Man kann das nicht verallgemeinern, jeder Fall muß für sich betrachtet werden. Bei der bereits erwähnten Sitzung habe ich zum Ausdruck gebracht, daß es in vielen Fällen gar nicht einzusehen ist, warum der Richter sich überhaupt »einmischt«. Letztlich ändert das gar nichts, denn die Eltern streiten dann noch mehr, wobei sie nun eben die Macht des Gesetzes im Hintergrund haben, was für das Kind noch schlimmer ist.

Wenn von Gesetzes wegen eine Entscheidung getroffen wird, an der das Kind zerbricht, dann ist das für das Kind noch viel schrecklicher, gerade weil es von Gesetzes wegen geschieht. Das Urteil wird vom Richter ausgesprochen, und damit sind die Tage festgelegt, an denen das Kind den Vater oder die Mutter sehen kann. Das ist sehr bedauerlich, denn letztlich lassen sich Neigungen nicht durch Gesetze regeln: Der Wunsch, einander zu sehen und zusammenzusein, richtet sich nicht nach den vom Gericht bestimmten Zeiten. Leben die Eltern nach der Trennung weit voneinander entfernt in verschiedenen Städten, dann leuchtet dem Kind diese Maßnahme durchaus ein; leben sie aber in der gleichen Stadt, dann ist die Reglementierung der affektiven Beziehungen nach Wochentagen ohne Berücksichtigung der affektiven Bindung inhuman. Jegliche Reglementierung beeinträchtigt meiner Meinung nach die lebendige affektive Beziehung zwischen Eltern und Kind. Auf jener bereits mehrfach erwähnten Sitzung habe ich übrigens vorgeschlagen, daß die Richter doch in vielen Fällen sagen könnten: »Es ist nicht meine Sache, über Ihre Kinder zu entscheiden. Sobald sie größer sind, können Sie diese Frage selbst nach bestem Wissen und Gewissen regeln.«

Wenn ich mir das jetzt überlege, dann muß ich mir allerdings sagen, daß es völlig sinnlos ist, den Eltern zu sagen: »Handeln Sie nach bestem Wissen und Gewissen«, denn die Eltern werden immer so entscheiden, wie es für sie erträglich ist, und das wiederum hängt davon ab, ob sie die Möglichkeit hatten, ihre widersprüchlichen Affekte genauer zu betrachten und zum Ausdruck zu bringen.

4 Die Beziehung der Kinder zu den neuen Partnern der Eltern

Was bedeutet es für die Entwicklung des Kindes, wenn ein Elternteil nach der Scheidung mit einem neuen Partner zusammenlebt? Ist es für die weitere Strukturierung des Kindes notwendig, daß es diesen Partner als nett und freundlich empfindet?

Das kommt auf das Kind an und ebenso auf den neuen Partner. Für das Unbewußte ist es ohne Bedeutung, ob dieser Mensch als angenehm oder als lästig empfunden wird. Für das Unbewußte des Kindes ist allein notwendig, daß ein Erwachsener da ist, der die völlige Verschmelzung des Kindes mit dem Elternteil verhindert. Mit diesem neuen Partner kann das Kind seinen Ödipuskomplex leben, wenn das mit den Eltern nicht möglich war, weil sie sich zu früh getrennt haben; es kann aber auch den Ödipuskomplex noch einmal und in anderer Form erleben, mit all den wohlbekannten Gefühlen von Haß und Liebe. Wie im ursprünglichen Konflikt sind die beiden Erwachsenen Modelle, aber auch Rivalen für das Kind, und auf jeden von ihnen überträgt es ein Stück seiner eigenen, widersprüchlichen Empfindungen.[24]

Welche Hindernisse müssen hauptsächlich in der Beziehung zwischen dem Kind und dem Stiefvater oder der Stiefmutter überwunden werden?

Meiner Meinung nach kommen die Schwierigkeiten nicht von seiten des Kindes. Schwierigkeiten können in der Beziehung zur Mutter entstehen, wenn diese beispielsweise eifersüchtig darauf ist, daß die zweite Ehe ihres Exmannes gut und fruchtbar ist, und daß das Kind Zuneigung für die Rivalin, die »Gewinnerin« empfindet. Das kommt sogar dann vor, wenn die Mutter ihrerseits wieder geheiratet und aus der neuen Ehe Kinder hat.

Ich denke da an einen Fall, der sehr gut illustriert, was du da gerade gesagt hast. Es handelt sich um einen kleinen Jungen von vier Jahren, dessen Eltern sich getrennt hatten, aber scheinbar ein sehr gutes Verhältnis zueinander bewahrten. Der Kleine lebte bei der Mutter. Sein Vater hatte wieder geheiratet, und als dann in dieser neuen Ehe ein Kind zur Welt kam, weigerte sich die Mutter mit einem Mal und ohne eine Begründung zu geben, den Kleinen am Wochenende zu seinem Vater zu schicken. Das Kind bekam daraufhin eine Mittelohrentzündung nach der anderen[25], dazu eine unerklärliche Schwäche in den Beinen, so als ob ihm eine Stütze entzogen worden wäre.

Das Hindernis kann auch von seiten des Vaters kommen, wenn dieser zum Beispiel seine Haltung dem Kind gegenüber ändert, sobald er in zweiter Ehe wieder Vater wird. Vielleicht ruft dann sein Kind aus erster Ehe in ihm Erinnerungen an die schmerzlichen Zeiten seiner ersten Ehe wach, die ihn zur Trennung veranlaßten. Vom Kind wird der Vater dann plötzlich – und häufig zu Recht! – als sehr fordernd empfunden.

Die Klippen und Schwierigkeiten, die diese Situationen mit sich bringen, gehen eigentlich nicht von der Person des Kindes aus. Ein psychologisch geschulter Mensch kann dem Kind dabei behilflich sein, diese Klippen zu umschiffen, indem er ihm dazu verhilft zu verstehen, daß die Geburt eines Halbgeschwisters für seine beiden Eltern ein Problem sein kann.

Und wenn Vater oder Mutter eine Paarbeziehung eingehen, ohne zu heiraten – wie wirkt sich das auf das Kind aus?

Das ist dann eine Dreieckssituation, auch wenn sie nicht legalisiert ist. Sobald ein Kind zweieinhalb bis drei Jahre alt ist, braucht es auf jeden Fall mehrere Erwachsene beiderlei Geschlechts, die sich seiner annehmen und es versorgen. Schon im Säuglingsalter ist ein Kind ganz glücklich, wenn es mehrere Frauen und Männer um sich sieht.

Für das Kind ist es besser, wenn es sagen kann: »Ich habe drei Papas«, als wenn es sagen muß: »Ich hab' keinen Papa, meine Mama lebt ganz allein.« Wenn das Kind für sich selbst das sichere Wissen hat, daß es einen Vater hat, den es zwar nicht kennt, der aber einmalig und unverwechselbar ist, dann kann man ihm die Freiheit zugestehen zu sagen: »Ich habe drei Papas.« Das ist eine Selbstschutzmaßnahme gegen die Neugier seiner Spielgefährten. Unbedingt muß ihm die Mutter aber klarmachen: »Du hast einen Vater, genau wie alle anderen, du kennst ihn nur nicht.« Und es ist immer noch viel besser, daß es drei Menschen »Papa« nennt, als daß es weder »Papa« noch leiblichen Vater hat, ob es diesen nun kennt oder nicht. Ein Papa muß ja nicht unbedingt der leibliche Vater, der legale oder der Adoptivvater sein. Gleichermaßen kann man auch mehrere Mamas haben, aber immer nur eine leibliche Mutter, ob man sie nun kennt oder nicht.[26]

Du sagst, ein Papa müsse nicht unbedingt der leibliche, der legale oder der Adoptivvater sein. Dabei fällt mir eine Geschichte ein, die in der Presse erschienen ist[27]: Ein kleines Mädchen nennt den neuen Partner ihrer Mutter »Papa«. Ihr Vater wartet, bis sie sieben ist und erklärt ihr dann, daß er ihr Vater ist und sie ihn deshalb »Papa« nennen soll. Als sie zur Mutter zurückkommt, nennt sie den Freund ihrer Mutter – der Vater ist noch anwesend – »mein liebster Papa«. Der Vater kam nicht wieder, sie hat ihn nicht wiedergesehen.

Warum soll sie denn den Freund ihrer Mutter nicht »Papa« nennen? Wie verletzlich und empfindlich muß dieser Vater sein, wenn er daraus ableitet, daß seine kleine Tochter ihm nicht das Recht zugesteht, ihr Vater zu sein, nur weil sie einen anderen Mann »Papa« nennt. Und letztlich beweist das, daß die Kleine ihre eigene Wahrheit ausgesprochen hat: Dieser Vater hat sich wahrlich nicht wie ein Vater betragen.

»Meine Schwester und ich wollen nicht, daß du wieder heiratest«, sagen manche Kinder zu ihrer Mutter.

Darauf kann die Antwort der Mutter nur lauten: »Ich heirate weder euch zuliebe noch um euch zu ärgern. Ich heirate, weil ich das brauche. Ich liebe einen Mann und will mein Leben mit ihm verknüpfen. Wenn euch das nicht gefällt, dann ist das zwar sehr bedauerlich, aber ihr seid ja nicht gezwungen, mit uns zusammenzuleben.«

Welche Folgen hat es denn, wenn die Mutter sich den Wünschen ihrer Kinder fügt?

Kinder, die so etwas sagen, bleiben häufig lange im Stadium des Kleinkindes, weil ihre Mutter ihnen gehorcht hat, als spräche aus ihnen ein Gesetz der Kindheit, das vielleicht alle Frauen verinnerlicht haben: Man liebt nur einmal im Leben und nur einen einzigen Mann (vielleicht rührt dieser Glaube daher, daß wir alle, obgleich wir viele Papas und Mamas haben können, doch nur einen Vater und nur eine Mutter haben). In dem Beispiel von dem kleinen Mädchen, das du vorhin angeführt hast, hat die Tochter dem Vater das Gesetz des Handelns vorgeschrieben; hier in diesem Fall schreibt die Tochter der Mutter das Gesetz des Handelns vor.

Es ist schlimm, aber häufig bekommen diese Kinder ein paar Jahre später von der Mutter zu hören: »Ich habe mich für euch aufgeopfert und euretwegen nicht wieder geheiratet.« Da gerät dann der Lebensfluß dieser Kinder ins Stocken: Die Schuldgefühle führen gewissermaßen zu einer Embolie, der Libidofluß, der Kreislauf der Affekte, kann nicht ungehindert fließen. Für den Rest ihres Lebens müssen die Kinder sich um die Mutter kümmern, selbst wenn sie es schaffen, erwachsen zu werden und zu heiraten.

Es gibt auch den umgekehrten Fall: Manche Kinder bitten ihren Vater oder ihre Mutter, sich wieder zu verheiraten. »Warum heiratest du nicht meinen Lehrer?« fragte ein Sechsjähriger seine Mutter. Und ein Mädchen von viereinhalb, dessen Mutter aus der ehelichen Wohnung ausgezogen war, sagte zu ihrer Lehrerin: »Kommst du am Wochenende zu meinem Papa?«

Diese Kinder werden von heftigen Inzestwünschen gegenüber dem Elternteil, bei dem sie leben, bedrängt, und sie möchten davon befreit werden. Der Inzestwunsch wird so stark, weil sich der Erwachsene völlig auf das Kind konzentriert und keinen anderen Erwachsenen zu brauchen scheint. Oder auch, weil die »Rumpffamilie«, wie es ja häufig geschieht, zur Großmutter zieht – zur Großmutter väterlicherseits, wenn das Kind beim Vater lebt, oder zur Großmutter mütterlicherseits, wenn die Mutter das Sorgerecht hat. In den Augen des Kindes regrediert der Vater oder die Mutter damit auf das Stadium des Kindes, und das blockiert seine Entwicklung.[28]

Manchmal hat der ständige Elternteil eine Beziehung aufgenommen und sagt dem Kind nichts davon. Das ist bedauerlich, denn für eine unbelastete Entwicklung braucht das Kind gerade diese Worte, die ihm die Gewißheit geben, daß der Erwachsene eine Beziehung zu einem anderen Erwachsenen hat, die anders ist als die Beziehung zum Kind.

> Es gibt Mütter, die ihrem Exgatten eine weitreichende Besuchspflicht einräumen, damit sie in Abwesenheit der Kinder ihren Liebhaber empfangen können.

Das ist ein Glück, nur sagen diese Mütter es den Kindern nicht immer. Das Wort, das man den Kindern gegenüber verwenden sollte, ist »Verlobter«. Die Mutter kann viele »Verlobte« haben; was das Kind braucht, ist ein verständliches Wort. Die Mutter sollte dem Kind erklären, daß dieses Wort bedeutet: »Vielleicht heiraten wir eines Tages, aber das weiß ich noch nicht. Dieser Mann und ich (›diese Frau und ich‹, wenn der Vater von seiner ›Verlobten‹ spricht), wir lieben uns. Wenn wir ernstlich vorhaben zu heiraten, wirst du ihn kennenlernen.«

Kinder brauchen altmodische Begriffe und Wörter. Für ein Kind ist ein »Verlobter« etwas anderes als ein »Freund«. In dem Wort »Verlobter« steckt für das Kind das Versprechen der Heirat. »Freund« bedeutet für das Kind eher »Kumpel« und schließt die sexuelle Dimension aus, während dies für einen Erwachsenen gerade umgekehrt ist. Wenn eine Frau sagt: »Ich habe einen Freund«, dann ist das in den Augen der Leute ein Liebhaber.

Um noch einmal auf den kleinen Jungen zurückzukommen,

der wollte, daß seine Mutter seinen Lehrer heiratet: Es gibt tatsächlich Mütter, die den »Betreuer«* ihres Sohnes heiraten, weil der Junge das will. »Warum auch nicht«, so sagen sie, »wenn er ihn doch gern hat?« Was für ein Schwachsinn!

Ist es sinnvoll, wenn der Stiefvater oder die Stiefmutter das Kind daran erinnern, daß er nicht der richtige Vater beziehungsweise sie nicht die richtige Mutter ist?

Das kommt darauf an, wie die familiäre Situation für das Kind war, als die Eltern noch zusammenlebten, vor allem, wenn diese in wichtigen Bereichen weiterhin uneins sind. Es gibt Fälle, in denen es nötig werden könnte, daß der Stiefvater (die Stiefmutter) einmal deutlich ausspricht: »Ich habe absolut nichts gegen deinen Vater (deine Mutter)« und: »Ich bin dir doch nicht böse, daß du sein (ihr) Sohn/seine (ihre) Tochter bist und ihm (ihr) ähnlich siehst.« Was man aber immer zu einem Kind sagen kann, ist dies: »Du hast nur einen Vater, nämlich den, der dich gezeugt hat, aber ich möchte gern dein Papa sein«, oder entsprechend: »Du hast nur eine Mutter, nämlich die, die dich empfangen und geboren hat, aber ich möchte gern deine Mama sein.«

Sehr oft entstehen Schwierigkeiten zwischen dem Kind und dem Stiefvater oder der Stiefmutter aus der Haltung des Elternteils, bei dem das Kind lebt; meist ist das die Mutter, gelegentlich ist es auch der Vater. Es sieht fast so aus, als könne es der leibliche Elternteil nicht akzeptieren, daß der neue Partner für sich ein Recht auf Mitsprache bei der Erziehung des Kindes aus erster Ehe in Anspruch nimmt. Das Kind spürt die Ambivalenz dieser Haltung. Wenn es sich einer Anordnung des Stiefvaters widersetzt, die seine Freiheit beschneidet, oder wenn es auf Kritik von der Stiefmutter mit Aufsässigkeit reagiert, dann hat es das Gefühl, sein leiblicher Elternteil habe einen Punkt gewonnen. Ist jedoch der leibliche Elternteil in seiner Haltung nicht

* Im Original »pion«, wichtige Persönlichkeit im Internatsalltag, betreut die Kinder bei den Mahlzeiten, den Hausaufgaben und beim Spiel. (Anm. d. Übers.)

ambivalent und verläßt zum Beispiel den Raum, damit der neue Partner sich ungestört mit dem Kind auseinandersetzen kann, dann kommen die Dinge meist sehr schnell in Ordnung. Das gilt auch für den Fall, daß ein Kind sich bei seinem Vater beklagt: »Die kann mich nicht leiden, das merke ich genau«, oder bei der Mutter: »Dein Typ kann mich nicht ausstehen«. Darauf sollte der leibliche Elternteil etwa so antworten: »Wenn du anfängst, hier Theater zu machen, dann kann ich dich nicht hierbehalten, dann gehst du woandershin.« – »Ja, aber mein Vater (meine Mutter) will mich nicht haben.« – »Es gibt nicht nur Vater oder Mutter, es gibt auch Möglichkeiten außerhalb der Familie.« Man wird dann sehr schnell bemerken, daß die Spannungen ein Versuch des Kindes waren, auf die Beziehungsebene zurückzukehren, wo es Macht über den Elternteil hatte, bei dem es lebt.

Vielleicht hat es der ständige Elternteil versäumt, dem Kind mit liebevollen und verständlichen Worten klarzumachen, welche Stellung es dem neuen Partner gegenüber hat. Beim Kind kommt es dann zu einer Art innerer Unsicherheit, wenn es der Vater versäumt hat, dem Kind seine Frau beispielsweise so vorzustellen: »Meine Frau ist deine Stiefmutter, und das bedeutet, daß sie die Verantwortung auf sich genommen hat, dich großzuziehen. Hier in ihrem Haus gilt das Wort deiner Stiefmutter, und das mußt du wissen, wenn du zu mir kommst.« Durch diese symbolische Unterstützung des Vaters gewinnt die Stiefmutter in den Augen des Kindes an Glaubwürdigkeit. Immer wieder erleben wir, daß eine Mutter zu ihrem zweiten Mann sagt: »Es ist nicht dein Sohn, also laß' ihn zufrieden.« Der Stiefvater genießt dann keine Glaubwürdigkeit beim Kind, denn die Mutter hat ihn unglaubwürdig gemacht.

Es kommt aber doch auch vor, daß ein Kind gute Gründe hat, den neuen Partner als feindselig zu empfinden und sich vielleicht deshalb schlecht mit ihm verträgt.

Wenn dem Kind diese Feindseligkeit bewußt ist und es sie ansprechen kann, dann wäre es gut, wenn die Mutter – falls es sich um sie handelt – etwa folgendermaßen antworten könnte: »Du bist todunglücklich, seit ich mit diesem Sowieso zusammenlebe. Vielleicht könntest du einmal mit deinem Vater darüber sprechen. Falls du bei ihm leben willst, mußt du die Schule wechseln und dich von deinen Freunden trennen. Wenn er einverstanden ist und seine Frau auch keine Einwände hat, könnten wir beim Familienrichter eine Änderung des Sorgerechts beantragen. Wenn dein Vater aber nicht will, daß du zu ihm kommst, und wenn es hier für dich nicht besser wird, dann werden wir eben versuchen, ein gutes Internat für dich zu finden.« Vielleicht wagt die Mutter nicht, selbst mit dem Kind zu sprechen, dann könnte das auch ein Außenstehender übernehmen, der Hausarzt zum Beispiel.

Manche Frauen haben ausschließlich Frauenfreundschaften, manchmal verkehren sie regelmäßig nur mit einer einzigen; ebenso haben manche Männer nur Männerfreundschaften oder nur einen einzigen Freund. Welche Auswirkungen kann so eine Situation auf das Kind haben?

Kinder wissen, daß es bei einem Paar, das aus zwei Frauen, beziehungsweise einem Paar, das aus zwei Männern besteht, keine Kinder gibt. Hier hat also die Mutter – oder der Vater, je nachdem – eine Wahl getroffen, und das muß deutlich gesagt werden; es muß von der Mutter beziehungsweise vom Vater ausgesprochen, es darf nicht verheimlicht werden, denn das Kind braucht eine Erklärung, die es verstehen kann.

Aber heute muß man doch nicht unbedingt homosexuell sein, um keine Kinder zu haben. Da genügt es doch, die Pille zu nehmen.

Ja, das ist richtig. Aber auch die Empfängnisverhütung durch die Pille muß man einem Kind verständlich machen, sonst schreibt es der Mutter eine zerstörerische und verstümmelnde Macht zu.[29]

Sagt die Mutter: »Ich möchte keine Kinder mehr haben, deshalb nehme ich die Pille«, dann sieht das für das Kind gleich ganz anders aus.

Wir können mit Sicherheit sagen, daß es das Kind als eine Beeinträchtigung empfindet, von einem homosexuellen Erwachsenen aufgezogen zu werden, verglichen damit, was dieser Erwachsene früher war, denn da hat er ja dieses Kind in die Welt gesetzt.

> Gelegentlich wird die Ansicht geäußert, daß die fortwährende Zunahme legaler Trennungen und Zweitehen, die immer neue Partner zur Folge haben, den Kindern die Möglichkeit gibt zu wählen, wo sie leben wollen, daß sie sich – ganz im Gegensatz zu früher – die »Eltern« und die »Geschwister« aussuchen können, die ihnen am besten gefallen.

Ich bin nicht damit einverstanden, hier von einer Wahl zu sprechen, so als ob es sich dabei um Kriterien des Bewußtseins für Angenehmes und Unangenehmes handelte. Wenn sich die Eltern trennen, liegen die Probleme, die die Entwicklung des Kindes beeinträchtigen können, im Bereich des Unbewußten; die Auswirkungen der Trennung der Eltern zeigen sich nicht unmittelbar, sie treten erst Jahre später auf. Das ist die Dynamik des Unbewußten.

5 Das Kind und seine Abstammung

Du hast des öfteren betont, wie wichtig es ist, daß ein Kind zu den beiden Familien, von denen es abstammt und denen es durch seine Geburt angehört, eine persönliche Beziehung entwickelt.

Ein Kind muß wissen, daß es aus zwei Familien stammt und zu beiden gehört. Die beiden Eltern repräsentieren zwei verschiedene Genealogien, manchmal zwei verschiedene Ethnien; und nur unter diesem Aspekt haben sie für das Kind große Bedeutung. Sind die Vorfahren der Eltern nicht präsent, dann kann die Rolle der Großeltern auch von Freunden der Familie oder von der jeweiligen Volksgruppe, der die Eltern angehören, übernommen werden: Sie verleihen dann den Eltern ihre Bedeutung als Mitglieder einer Familie oder als Teil eines Volkes. Die Familie, die Freunde und die Volksgruppe integrieren Eltern und Kind in ihre Geschichte, ihre Sprache und Kultur.

Wenn das Kind zu zwei verschiedenen Völkern gehört, dann ist es mit beiden verbunden, so wie es mit Vater und Mutter verbunden ist. Und weil Eltern und Kind zu ein- und demselben Zeitpunkt nur in einem der beiden Völker leben können, rückt das Volk, dessen Kultur nicht gelebt wird, im Vergleich zu den Werten der Gesellschaft, in der sie leben, gewissermaßen an den Rand des Bewußtseins.

Dennoch verdient das Entwicklungspotential beider Völker, die sich dieses Menschenkind für seine Inkarnation erwählt hat, Respekt und Beachtung. Man muß sich klarmachen und im Auge behalten, daß dieses Kind über seine Eltern aus der Begegnung zweier weit voneinander entfernter Kulturen hervorgegangen ist. Als »Mischling« geboren zu werden, kann ein großer Schatz sein, falls diese Tatsache nicht verleugnet, sondern als Reichtum betrachtet und als Potential kultiviert wird. Ein Mischlingskind sollte die Möglichkeit haben, beide Seiten seiner Abstammung zu entwickeln; man darf nicht die eine Seite seiner Herkunft zugunsten der anderen verkümmern lassen.

In manchen Einwandererfamilien wird zu Hause die Muttersprache der Eltern gesprochen, in anderen nicht, wenn nämlich ein Elternteil seine Erziehung und Ausbildung in französischer Sprache und mit dem entsprechenden kulturellen Kontext erhalten hat.

Was völlig fehlt, wenn ein Kind in der Schule französisch unterrichtet wird und zu Hause nur die Fremdsprache hört, ist die Möglichkeit, sich in Geschichte, Sprache und Kultur seiner Eltern einzugliedern. Das ist jammerschade, denn wenn ein Kind den Reichtum seiner Muttersprache mit ihrem Brauchtum in sich aufnehmen könnte, bevor es die Regeln der französischen Grammatik lernt, könnte es den Reichtum unserer Sprache in seine Muttersprache integrieren. Manche Schulen haben versucht, diesem Mangel abzuhelfen, aber es gibt noch nicht viele, die das tun.

Bei Kindern aus »Mischehen«, die von zwei – häufig sehr unterschiedlichen – Kulturen abstammen, könnten die Lebensform und die Ausdrucksmöglichkeiten der nicht unmittelbar gelebten Kultur durch Angehörige dieses Volkes belebt und aufgewertet werden. Das ethno-soziale Kontinuum, das das Kind mit einem seiner Eltern (also ethnische Abstammung in Verbindung mit genealogischer Herkunft) oder mit befreundeten Angehörigen seiner Ethnie lebt, wäre dadurch auch sprachlich stärker präsent, während es parallel dazu das ganz andere ethno-soziale Kontinuum in der französischen Schule und mit dem französischen Elternteil lebt.

Manche Völker haben keine geschriebene Geschichte, aber ihre Traditionen und ihr Brauchtum, ebenso auch ihre Musik und ihre Kunst sind wertvolle Kulturgüter, die für die Zukunft eines Kindes von großer Bedeutung sind.

Wenn man mit einem Kind zu tun hat, das zwei verschiedenen Völkern entstammt, darf man nie vergessen, daß dieses Kind Tag für Tag in seinem Unbewußten ein Imaginäres und symbolisches Leben lebt, das seinen Ausdruck nicht *im Wort* finden kann, weil das, was es fühlt und empfindet, sich in der Sprache des Landes, in dem es lebt, nicht sagen läßt. Doch wie bei allem gilt auch hier: Was seine Wahrheit nicht durch das Wort beweist, ist dem Menschen nicht wirklich zugehörig.

Ich will einmal gar nicht an Scheidung und Scheidungsfolgen denken, sondern statt dessen zum Ausdruck bringen, daß der Mensch den Wert seiner Erziehung, die ja in seinem speziellen kulturellen Kontext erfolgt, daran bemißt, ob sein kulturelles Erbe als ebenso wertvoll angesehen wird wie das der Kultur, in der er lebt. Die tatsächliche Situation ist jedoch anders: Ist der Unterschied zwischen der eigenen Kultur und Lebensform und der des Gastlandes sehr groß, dann ist es schwer zu erreichen, daß die eigenen Kommunikations- und Interaktionsformen von der Umgebung als gleichwertig anerkannt werden.

Manchmal herrscht zwischen den beiden elterlichen Familien aus sozialen oder ethnischen Gründen offene Feindschaft.

Wenn das der Fall ist – und an den Fällen, wo Kinder im Ausland festgehalten werden, wird das ja deutlich sichtbar –, dann ist das ein Drama, und wir können nur dadurch helfen, daß wir darüber sprechen. Ich glaube, es ist sehr wichtig, daß in den Zeitungen davon berichtet wird, daß die Kinder hören, wie im Fernsehen davon gesprochen wird. Für das betroffene Kind gibt es keinen Ausweg aus dieser Situation, zumindest solange es minderjährig ist. Deshalb muß es wenigstens erleben, daß sein Problem in der Öffentlichkeit bekannt ist, verstanden und diskutiert wird und daß sein Leiden und das seiner Eltern nicht unbeachtet bleiben.

Wenn ein Mann und eine Frau, die verschiedenen Völkern angehören, einander in Liebe und Leidenschaft zugetan sind, dann können Unstimmigkeiten in der Beziehung dadurch manchmal noch unerträglicher werden; was einmal anziehend und aufregend neu war, kann nun dazu führen, daß man den Partner verkennt und mißversteht. Diese Mißverständnisse wecken alte, unangenehme Erinnerungen an Vorurteile und Warnungen, und das führt dann manchmal zu einer sehr konfliktreichen Trennung.

Mit dieser Frage berührst du die Problematik der sekundären Schuldgefühle: Man fühlt sich schuldig, weil man der Leidenschaft nachgegeben hat. Es fehlte ja nicht an düsteren Prophezeiungen an die Adresse der jungen Liebenden, die sich über die Verbote ihrer Familien und ihrer Völker hinwegsetzten; aus dieser Leidenschaft könne nur Unheil erwachsen, wurde ihnen vorhergesagt. Ich glaube, daß dieses Schuldgefühl an eine Vergangenheit rührt, an deren frohe und glückliche Zeiten sie sich nicht erinnern wollen; durch diese Verdrängung verschärfen sich die Selbstvorwürfe, die sie sich später machen, denn jetzt sind sie beide an das Kind – oder die Kinder – gebunden, die aus ihrer Leidenschaft entstanden und geboren sind. Bei den Kindern kann dadurch das Gefühl entstehen, ihre Zeugung und Geburt seien mit einem Makel oder einem Glückszeichen verbunden; das macht ihnen die Anpassung, die doch für Mischlingskinder ohnehin schon schwierig ist, noch schwerer.

> Es passiert immer häufiger, daß nach einer Scheidung die eine Herkunftsfamilie – manchmal sogar beide – aus dem Blickfeld des Kindes verschwindet; mit der Zeit wird sie auch im Gespräch nicht mehr erwähnt.

Was da in Vergessenheit gerät, ist die Herkunftsfamilie des nicht-ständigen Elternteils. Scheinbar überstehen die Kinder diesen Verlust, ohne Schaden zu nehmen, doch wenn sie ihrerseits Eltern werden, dann zahlen sie schwer für den Verlust ihrer Herkunft.

> Du rätst ausdrücklich davon ab[30], daß ein verheirateter Erwachsener, der in Scheidung lebt oder geschieden ist, zu »Papa und Mama« zurückkehrt, denn sonst wird das Kind Zeuge, wie seine Mutter (oder sein Vater) wieder zu einem Kind wird, das sich den Anordnungen der Eltern unterwirft.

Die Eltern müssen sich darüber im klaren sein, daß diese scheinbar einfachste Lösung sie später teuer zu stehen kommen kann. Für Kinder ist es wichtig, daß ihre Eltern sich wie mündige Bürger verhalten. Für die, die ihre Erziehung und später dann ihre

Ehe wie eine »Vormundschaft« erlebt haben, ist die Rückkehr zu »Papa und Mama« eine Regression. Sie hätten die Scheidung zum Anlaß nehmen können, sich einmal unabhängig und frei zu fühlen, ohne das eheliche Gängelband, das eine Wiederholung der Bevormundung durch die Eltern war. Auch für das Kind ist die Rückkehr des Vaters oder der Mutter zu deren Eltern eine Regression: Die Eltern sind nun nicht mehr erwachsene Vorbilder, sie sind vom Leben angeschlagene ältere Geschwister geworden. Das gilt besonders für den Fall, wenn eine Mutter mit ihrem Sohn zu den eigenen Eltern zurückkehrt: der Sohn fühlt sich dann geneigt, den leeren Platz des fehlenden eigenen Vaters mit dem Vater der Mutter zu besetzen und sich auf diese Weise als Sohn seines Großvaters zu empfinden.

Manchmal wird das Kind durch Gerichtsbeschluß oder auch durch Absprache des sorgeberechtigten Elternteils mit seinen Eltern bei den Großeltern oder einem Großelternteil untergebracht. Welche Folgen kann das für das Kind haben?

Für das Kind ist es keine Lösung, bei den Eltern des Vaters oder der Mutter zu leben. Natürlich muß man einer Frau zu Hilfe kommen, die plötzlich mit vier Kindern allein dasteht, weil ihr Mann sie verlassen hat. Daß eine verwandte Familie oder die Großeltern ihrem Sohn oder ihrer Tochter nach der Scheidung vorübergehend Beistand leisten und etwa in einer Krisensituation die Kinder bei sich aufnehmen, das ist eine Sache; etwas anderes und immer nachteilig ist es, wenn die Großeltern auf Dauer die Erzieher und Bezugspersonen der Kinder werden.

Ich will nur zwei allgemeine Anmerkungen machen: Es ist schädlich, wenn ein Kind zu Großeltern kommt, die den Sohn oder die Tochter wegen der Scheidung tadeln; es ist aber ebenso schädlich, wenn ein Kind zu Großeltern kommt, die sich über die Scheidung freuen, weil sie nun das Kind ihres Kindes großziehen können.

Als Dauerlösung wäre ein Internat oder eine junge Pflegefamilie vorzuziehen.

Welche Art von Hilfestellung können denn Großeltern ihren Enkelkindern nach der Scheidung der Eltern geben?

Für Kinder, deren Großeltern gut miteinander auskommen, wobei die Kinder aber sehr genau sehen – oder besser: spüren –, daß die Sexualität zwischen den Großeltern keine Rolle mehr spielt, ist das Bild der keuschen Gemeinschaft eines alten Paares etwas ungemein Wichtiges. Hier erleben die Kinder ein altes Paar, das in vertrauter Freundschaft zusammenlebt, und jedes Kind, dessen Eltern geschieden sind, träumt davon, daß sie eines Tages wieder zusammenkommen, wie damals, als es noch klein war.

Das ist eine kindliche, eine menschliche Projektion, eine Wunschvorstellung, in der das Begehren sich zur Liebe hin entwickelt. Solange ein Kind noch klein ist, erfaßt es intuitiv die unverfälschte, vom physischen Begehren befreite Liebe, die zwei Menschen im Alter verbinden kann. Junge Erwachsene entwickeln allmählich ein Verständnis für diese Art von Beziehung, aber erst, nachdem sie selbst erlebt haben, daß eine Beziehung zerbrechen und man trotzdem mit dem Gefährten der einstigen glühenden Leidenschaft zu einer tiefen Freundschaft gelangen kann.

Die Großeltern können dem Kind auch helfen zu begreifen, daß heutzutage eine Scheidung im Bewußtsein der Menschen keine Schande mehr ist, sondern ein gesetzlich geregelter Vorgang. Sie können dem Kind erklären, daß sie sich in einer vergleichbaren Situation auch hätten scheiden lassen; sie seien aber froh, daß sie es nicht getan hätten, weil sie sich jetzt im Alter wieder gut verstehen und glücklich sind, Enkelkinder zu haben, denen sie helfen können, mit der Scheidung der Eltern fertig zu werden.

Daß es ein Alter gibt, in dem einem das Begehren die Sinne raubt, können die Kinder erst in der Pubertät verstehen; für jüngere Kinder ist das unfaßbar. Als junge Erwachsene werden sie erleben, daß Liebesbeziehungen zerbrechen, und eines Tages werden sie sich für einen festen Partner entscheiden. Dann erst, das heißt im Alter von zwanzig bis zweiundzwanzig Jahren, werden sie begreifen, daß es Gründe geben kann, eine Partnerschaft ohne sexuelles Begehren einzugehen. Diese jungen Erwachsenen, die als Kinder nur bei einem Elternteil aufwuchsen, können nun auch den anderen kennenlernen, und viele von ihnen wünschen sich dann, daß ihre Eltern sich von ihren derzeitigen – legalen oder nicht legalen – Partnern lösen und später wieder zusammenleben. Sie projizieren ihre Wünsche aus der Kinderzeit auf die Zeit, wenn ihre Eltern alt sein werden.

Noch eins: Ein Kind bekommt viel über die Scheidung seiner Eltern zu hören, doch was die Großeltern zu ihren Enkelkindern sagen, hat besonderes Gewicht. Bei ihnen kann das Kind, respektive der Heranwachsende, offen sprechen; ihre Worte helfen ihm, klarer zu sehen, daß es der Schmerz über die Trennung seiner Eltern ist, der ihn dazu bringt, dem einen oder dem anderen Elternteil die Schuld zuzuschreiben und ihn für sein Leid verantwortlich zu machen.

Es ist sehr gut, wenn dem Kind mit Worten der Weg zum Verständnis für verschiedene Aspekte der Ehe geöffnet wird; das Verständnis selbst kommt dann mit der Erfahrung.

6 Die Kastration* durchleben

Ich habe mich mit einem zehnjährigen Mädchen unterhalten, dessen Eltern nicht geschieden sind. Sie beobachtet sehr scharf und hat in ihrer Klasse viele Kinder aus geschiedenen Ehen. Wie sie deren Situation empfindet, drückt sie mit dem Wort »Desorientierung« aus. Was sagst du dazu?

Ich glaube, daß sie das völlig richtig sieht. Diese Kinder wissen nicht, wie man sich orientiert. Sich orientieren heißt, sich jeden Tag ein Stückchen weiter auf die Zukunft hin zu entwickeln. Nun weiß aber so ein Kind, wenn es ein Mädchen ist, nicht, ob es sich auf ein Leben als verheiratete Frau hin ausrichten soll oder auf eine Existenz als geschiedene Frau; und der Junge weiß nicht, ob er eine Paarbeziehung eingehen oder ob er, wenn sein Vater nicht wieder geheiratet hat, lieber allein bleiben soll. Solche Kinder haben keine sicheren Orientierungspunkte. Es ist so, als hätten sie »zwei Nordpole«. Für gewöhnlich bieten die Eltern zwei verschiedene Entwicklungsrichtungen, aber im Fall der Scheidung neigen sich beide gewissermaßen nach der gleichen Seite: Sie zeigen in dieselbe Richtung. Doch ein Kind braucht zwei verschiedene Pole, an denen es sich orientieren kann.

Manchmal drängt sich ein Kind schon sehr früh zwischen Vater und Mutter, indem es beispielsweise jede Nacht schreit und die Mutter dadurch »zwingt«, bei ihm zu bleiben, was dann für den Vater schwer zu ertragen ist. Wenn es irgendwann später zu einer Scheidung kommt, könnte das Kind dann die Vorstellung entwickeln, an der Auflösung der Ehe beteiligt gewesen zu sein?

* Im erweiterten Sinn bedeutet Kastration die Erfahrung des Verlustes von Objekten als Folge einer versagten Triebbefriedigung.

Ein Kind hält sich für den Nabel der Welt. Was auch immer an Leidvollem – für das Kind oder für jemand anders – geschieht, es hält sich für den Auslöser. Wenn man Gelegenheit hat, mit einem Kind zu reden – nennen wir es einmal Paul –, das glaubt, schuld an der Scheidung seiner Eltern zu sein, dann muß man ihm etwa folgendes sagen: »Es ist nicht wahr, daß deine Eltern sich deinetwegen haben scheiden lassen. Bei jedem anderen Kind, bei Peter oder Sylvia oder sonstwem könnte man, wenn die Eltern sich trennen, genausogut sagen, sie hätten sich wegen der Kinder getrennt, aber das ist nicht der Grund. Deine Eltern waren nicht reif genug, um miteinander ein Kind zu haben, und deine Mutter konnte nicht zulassen, daß dein Vater das Kommando übernimmt. Du, du hast deine Rolle als Kind ausgefüllt; aber deine Eltern haben ihre Elternrolle nicht ausgefüllt.«

Meistens sind es die Mamas, die es nicht aushalten, ihr Kind weinen zu lassen; das liegt daran, daß die Liebe zu ihrem Mann nicht stark genug ist, um dem Kind zu sagen: »Mir liegt mehr daran, einen Mann in meinem Bett zu haben als meine Nächte im Kinderzimmer bei einem weinenden Kind zu verbringen.« Und die Männer ihrerseits glauben, es sei das »Geschäft« der Mutter, das Kind zu beruhigen. Auch sie wagen es nicht, dem Kind zu sagen: »Der Platz meiner Frau ist in meinem Bett und nicht hier bei dir, auch wenn du jeden Abend weinst.« Wenn sich das so abspielt, dann sind sich die Eltern letztlich einig.

Könntest du einmal klarlegen, was du meinst, wenn du sagst: »Das Kind hält sich für den Nabel der Welt«?

Jedes Kind ist der festen Überzeugung, daß es die Ursache von allem ist, was um es herum geschieht. Dies ist eine kindliche Vorstellung, die man ihm nicht nehmen kann. Es hält sich für die Ursache, weil es das gern gewesen wäre. Hinter der Vorstellung verbirgt sich nämlich ein Wunsch: Ob Junge oder Mädchen, jedes Kind möchte im Herzen der Mutter den ersten Platz einnehmen und ihr mehr bedeuten als der, der jetzt, nachdem er dem Kind das Leben gegeben hat, für das Kind nur noch ein Störenfried ist.

Du hast geschrieben: »Mit drei Jahren schafft jedes Kind, ob Junge oder Mädchen, Spannungen zwischen seinen Eltern. Mit sieben hat es ein geradezu machiavellistisches Geschick, die Eltern aufeinander eifersüchtig zu machen, zu spalten, um zu herrschen.«[31] Wenn nun die vom Kind geschaffenen Spannungen die konfliktgeladene Situation zwischen den Eltern weiter verschärfen und es schließlich zu einer Scheidung kommt, birgt das nicht die Gefahr, daß das Kind deswegen später unter heftigen Schuldgefühlen leidet?

Ja, natürlich, die Schuldgefühle bleiben ihm. Wenn die Eltern vor Beginn der ödipalen Phase des Kindes nicht eine stabile Beziehung zueinander haben, dann reagiert zumindest ein Elternteil mit Neid oder Eifersucht auf das ödipale Verhalten des Kindes und bestätigt es damit in seiner Haltung. Dann fühlt sich das Kind zwar schuldig, aber in Wahrheit war es die Paarbeziehung, die sich als nicht genügend belastbar erwies. Sind die Eltern einander eng verbunden, dann lachen sie über die Finten und Winkelzüge, mit denen das Kind, Mädchen oder der Junge, seine inzestuösen und machiavellistischen Wünsche zum Ausdruck bringt; sie amüsieren sich und spielen das Spiel mit: Sie tun, als seien sie eifersüchtig, und lachen dabei, wodurch sich die Schuldgefühle des Kindes sofort entschärfen. Es sieht dann deutlich, daß kein Mensch, nicht einmal es selbst, sich zwischen Vater und Mutter drängen kann.

Ein Kind, dessen Eltern sich scheiden lassen, ist bei seinen ödipalen Manövern nicht hemmungsloser vorgegangen als andere Kinder auch. Wenn es zufällig Erfolg damit hat und es zu einer Trennung der Eltern kommt, dann glaubt das Kind, diese Trennung verschuldet zu haben; dabei war es die Beziehung, die Ehe, die Risse und Sprünge aufwies und deshalb der Flut der anbrandenden Wünsche nicht standzuhalten vermochte.

Dann müßte also jemand rechtzeitig mit dem Kind sprechen.

Ja, das ist richtig. Bei den Kinderpsychoanalytikern gibt es übrigens eine lange Warteliste für »Trios« mit ödipalen Problemen; dabei liegt das Alter des Kindes zwischen fünf und sieben Jahren. Meist genügt es, ein paarmal mit den Eltern zu reden und nur gelegentlich auch mit dem Kind. Man muß den Vater in seiner Haltung bestärken, die unangemessenen Wünsche des Kindes zu beschneiden und zurückzuweisen. Und der Mutter muß man deutlich machen, wie sie mit ihrem Verhalten die regulierende Intervention des Vaters unterläuft: Sie ist so eng mit dem Kind verbunden, daß sie wie in einer archaischen Beziehung mit homo- respektive heterosexuellen Zügen gefangen ist und deshalb die Störung der Beziehung zu ihrem Mann, die vom Kind ausgeht, unterstützt. Man kann den Eltern ganz einfache Sätze mit auf den Weg geben; darüber denken sie dann nach.

So kann die Mutter beispielsweise zu ihrem Kind sagen: »Ich gestatte niemandem, den Mann zu ärgern, den ich liebe und der dein Vater ist. Wenn es dir hier nicht behagt, werde ich außerhalb der Familie eine Lösung zu finden versuchen.« Ebenso kann der Vater sprechen: »Ich gestatte keinem Mann, hierherzukommen und meine Frau zu belästigen und damit das Familienleben zu stören. Es gibt keinen Grund, warum das nicht auch für dich gelten sollte. Du wächst heran und wirst größer, und darauf bin ich sehr stolz, aber Scherereien wirst du uns nicht länger machen.« Mit solchen Worten behandelt der Vater den Jungen wie einen Fremden, der die Ehe stört, und stützt ihn dadurch in seiner Männlichkeit. Wie gesagt, für solche »Trios mit ödipalen Problemen« genügen tatsächlich meist ein paar klärende Gespräche.

Heute hört man oft, daß Psychologen oder Soziologen den Gedanken vorbringen, ein Kind, dessen Eltern sich trennen oder scheiden lassen, müsse Trauerarbeit leisten. Ist dieser Ausdruck deiner Meinung nach angemessen?

Wenn man dabei die Trauer um den Verlust der frühen Kindheit im Blick hat, den Abschied von der Zeit, wo die Eltern noch eine untrennbare, schutzbietende Einheit mit zwei Köpfen waren, dann sollte man eher von Kastration sprechen, vom »Tod des Kindes« im Kind. Das Kind muß lernen, daß es in geistiger, emotionaler und physiologischer Hinsicht die lebende Verkörperung der Verbindung zweier Menschen ist, in der alles repräsentiert ist, was das Wesen dieser beiden Menschen, seiner Eltern, ausmacht. Hier die Kastration vornehmen heißt, dem Kind vermitteln, daß seine beiden Eltern in ihm repräsentiert und fest verankert sind und deshalb nicht unbedingt in seinem Alltag anwesend sein müssen, auch wenn es dies will und gern hätte.

Das Kind muß nur einmal von einem glaubwürdigen Menschen erklärt bekommen, daß jedes Kind sich ein männliches und ein weibliches Vorbild sucht und daß dieses Vorbild weder der leibliche Vater sein noch daß zwischen ihm und dem Kind unbedingt Liebe herrschen muß.

Statt im Kind Schuldgefühle zu erzeugen, muß man ihm verständlich machen, welche Probleme seine Eltern haben; man muß es in seinem Recht bestätigen, Kritik an den Erwachsenen üben zu dürfen, aber man muß auch die Verpflichtung bekräftigen, die es hat, sich selbst immer wieder in beiden Geschlechtern Vorbilder zu suchen, die es dann in seiner Phantasie zu einem Paar machen kann – oder auch nicht. Hier handelt es sich um eine Kastration der Art und Weise, wie das Kind seine frühe Kindheit sieht.

Wenn diese Form der Kastration wirksam wird, welche Folgen hat das dann?

Dann könnte eine Scheidung ein Reifungsfaktor sein. Wenn die Eltern die Verantwortung für die Scheidung wirklich übernehmen und selbst daran reifen, dann kann das Kind über die schwere Zeit der Trennung hinweg auch weiterhin Zuneigung für den Vater wie für die Mutter empfinden. Es ist erstaunlich, wieviel soziale Reife und Autonomie manche Kinder geschiedener Eltern haben.

Eine französische Untersuchung, bei der eine Stichprobe von Kindern geschiedener Eltern mit Hilfe von projektiven Tests befragt wurde, zeigt, daß diese Kinder immer wieder ein solidarisches Paar phantasieren.[32]

Das sind die aktiven und passiven Triebregungen, die jedes Kind als unzertrennliches Paar im Unbewußten verinnerlicht hat.

Das ist so zu verstehen, daß dieses innere Elternpaar im Unbewußten stärker und tiefer präsent ist, wenn das Kind durch die Scheidung sein äußeres Elternpaar verliert. Die realen Eltern sind Erwachsene, die mit dem Leben nicht fertig geworden sind und dadurch dem Kind Schaden zufügen können. Aber da sie durch die Scheidung voneinander getrennt werden, kann ihr Vorbild das Kind auch nicht mehr belasten.

> Vermutlich eine andere Art, mit Kastrationen umzugehen: Gegenwärtig werden zwei Drittel aller Scheidungen von Frauen beantragt[33], wobei als Scheidungsgründe häufig Alkoholismus und Gewalttätigkeit seitens des Ehemannes genannt werden.

Viele Ehen werden wegen des Alkoholismus des Mannes geschieden, der aber häufig davon herrührt, daß die Frau in den Fallstricken der Mütterlichkeit hängengeblieben ist. War der Mann zu Beginn der Ehe kein Alkoholiker, dann ist er es häufig deshalb geworden, weil seine Frau völlig in der Mutterschaft aufging und ihm nicht länger helfend und stützend zur Seite stand. Manche Frauen ziehen sich schon während der Schwangerschaft aus der Ehe zurück, und der Mann beginnt zu trinken, um sich darüber hinwegzutrösten. Er sucht sich seine Kumpels, und wo findet man die? In der Kneipe.

Wenn der Mann nach der Geburt des Kindes weiterhin auf die moralische und emotionale Unterstützung seiner Frau verzichten muß, weil diese vom Kind völlig in Anspruch genommen wird, durchlebt er eine Zeit der »Eifersucht auf das Nachgeborene« und fällt in depressive Verstimmung. Wie ein Säugling von drei Monaten kehrt er zur Flasche zurück; die unbewußten Muttergefühle, die die Frau ihm entgegenbrachte, sind ihm durch die Geburt des Kindes genommen worden.

Die Frau ihrerseits gibt den Mann emotional auf: Sie findet Vorwände für den Wunsch, aus ihm eine zweite Mutter, eine zusätzliche Mutter für ihr Kind zu machen, doch ist ihr dieser

Wunsch nicht bewußt. Wenn ein Mann in der Ehe zum Alkoholiker wird, dann ist die Frau immer daran beteiligt. Viele Frauen beklagen sich darüber, daß ihr Mann trinkt und verlassen ihn deshalb; dabei sind sie es, die ihn dahin gebracht haben. Das muß einmal deutlich gesagt werden. Ebensowenig wird über die Mütter gesprochen, die ständig über ihre Söhne jammern und sie dadurch allmählich in den Alkoholismus treiben können. Das sind die Mütter, die vom Kleinkindalter an Sklavin und Dienerin ihrer Söhne waren. Später sagen sie dann: »Ich kann nicht mehr«, schlagen auf den Jungen ein und werfen ihn hinaus. Der Junge wird zum Henker seiner Mutter, aber sie hat ihn dazu gemacht.

Sie konnte das Inzesttabu, Teil jeder Kastration[34], nicht ertragen, deshalb konnte das Kind sie metaphorisch von frühester Kindheit an in sein Spiel hineinziehen und sie zu seiner Komplizin machen.

Es gab kein orales Inzestverbot zum Zeitpunkt des Abstillens; deshalb konnte der Sohn sich zum »Kannibalen« entwickeln, der die Mutter »auffrißt«: Er verlangt unablässig Geld von ihr, wobei das Geld eine Metapher ist für das Ziel seiner oralen Gier.

Auch bei der analen Kastration wurde kein Inzestverbot ausgesprochen; deshalb klebt der Sohn an der Mutter und die Mutter am Sohn. Auf das »Bekommen und Haben« der oralen Phase folgt das »Machen und Tun« der analen Phase, und da blieben Mutter und Sohn stecken: Sie blieb darin stecken, alles für ihn zu tun, und daraus konnte sich kein gemeinsames »Tun« entwikkeln, bei dem jeder, Vater, Mutter und Kind, seinen Beitrag an der Arbeit für die Familie leistet. Der Sohn wiederum »tut« nur etwas, um der Mutter zu helfen, er »macht« es nur für sie, nur ihr liefert er sein »Geschäft« ab; dabei sollte die Mutter doch ihre Hilfe allmählich einschränken, sobald das Kind die motorische Selbständigkeit erlangt hat.

Und schließlich gab es auch kein genitales Inzesttabu. Die Mutter hat dem Sohn nicht gesagt, daß das Verlangen einer Frau auf einen erwachsenen Mann gerichtet ist. Es reicht nicht aus, dem Kind zu sagen: »Du kannst nicht mein Mann sein, weil du klein bist und ich groß«, denn das Kind denkt sofort weiter: »Aber wenn ich vierzehn bin, dann bin ich groß genug«. Und mit vierzehn fängt der Junge dann an zu trinken und die Mutter zu beschimpfen.

Ein Präventionskonzept gegen den Alkoholismus verlangt ein ganz neues Verständnis der Gesellschaft für die Entwicklung des Kleinkindes. Und ich behaupte, daß man viel erreichen kann, wenn man Stätten schafft, wo Eltern und Kinder bis zu drei Jahren gemeinsam hingehen können, so wie wir es im »Grünen Haus«[35] praktiziert haben – wo eine Frau wieder Geschmack finden kann an ihrem Leben als Frau, nachdem sie ganz in der Überversorgung des Kindes aufgegangen war.

Das Ziel muß sein, daß das Kind Autonomie gewinnt und seine Mutter »entwöhnt«, denn dann kann die Mutter ihrerseits das Kind entwöhnen. Für die Mutter ist es schwer, diese Trennung allein von sich aus zu vollziehen, aber wenn das Kind Trennungswünsche und Autonomiebestrebungen zeigt, dann muß sie sich wohl oder übel neu orientieren; dabei findet sie Unterstützung bei einem Hilfs-Ich, bei einer anderen Mutter, die auch mit ihrem Kind ins »Grüne Haus« gekommen ist. Und dann kommt eines Tages auch der Vater – denn warum sollten Väter nicht ins »Grüne Haus« kommen? –, trifft dort andere Väter, die ihre Frauen besuchen, und kommt mit ihnen ins Gespräch. Das Kind erobert sich seine Autonomie, seine Selbständigkeit, und das bleibt nicht ohne Wirkung auf die Eltern. Jedes Kind ist zur Autonomie fähig. Wenn es keine Autonomie erlangt, dann deshalb, weil die Mutter ihm in die Falle gegangen und es gewissermaßen zum Phallusersatz für die Mutter geworden ist: Alles dreht sich um das Kind, die Mutter ist nur mit ihm beschäftigt, und sie folgt ihm mit den Augen, wohin es auch geht. Und das Kind kann dann keine Autonomie entwickeln, denn es wird ja von der Mutter gebraucht. Das kann ein Kind seiner Mutter, die es so sehr braucht, einfach »nicht antun«.

Aber kommen denn die Mütter ins »Grüne Haus«, um von ihrem Kind entwöhnt zu werden?

Sie wissen, es gibt Kinderspielzeug im »Grünen Haus«, und sie kommen, um sich auszuruhen. Dort erleben sie dann zum erstenmal, daß das Kind sich nicht an sie klammert: Es geht auf andere gleichaltrige Kinder zu. Und wie viele Väter sagen uns hinterher: »Sie haben unsere Familie gerettet, die schon fast zerbrochen war.« Dabei haben wir scheinbar gar nichts getan. Jedenfalls haben wir keine Moralpredigten gehalten. Wir haben einfach nur dem Kind Gelegenheit gegeben, Autonomie zu gewinnen.

Solche Begegnungsstätten sind eine Antwort der Gesellschaft auf das wachsende Unbehagen, das Paare beschleicht, wo die Frau völlig in ihrer Mutterrolle aufgeht und sich, sobald das Kind da ist, von ihrem Mann zurückzieht. Sie sind auch eine Antwort der Gesellschaft auf das Bedürfnis des Kindes, seine Struktur im Beisein von Vater und Mutter zu entwickeln. Eine Begegnungsstätte, in die das Kind *mit* seinen Eltern und nicht allein kommt; ein Ort, wo es lernt, sich unter anderen Menschen sicher zu fühlen, weil die Eltern als Garant seiner Identität im Hintergrund anwesend sind. So kann es allmählich begreifen, daß es auch dann das Kind seiner Eltern bleibt, wenn diese einmal nicht da sind. Und mit etwa zweieinhalb bis drei Jahren sagt das Kind dann eines Tages: »Jetzt will ich in den Kindergarten, wo die Eltern nicht dableiben.«

In Gesprächen mit Jugendlichen kommt immer wieder zum Ausdruck, daß sie körperliche Gewalt zwischen ihren Eltern sehr belastet.

Gewalttätigkeit tritt immer da auf, wo die Worte fehlen, um einen Konflikt zwischen zwei Menschen auszudrücken. Wenn ein Mensch sich nicht mehr mit Worten ausdrücken kann, setzt er seinen Körper ein und hält sich am Körper des anderen »schadlos«, denn von dem anderen gehen Ablehnung und Zurückweisung aus; er ist Konkurrent und Rivale und ebenso auch Ursache von Frustrationen, die dann – je nachdem – überwunden oder erduldet werden müssen.

Je nach Alter des Kindes haben die gewalttätigen Auseinandersetzungen der Eltern, die es miterlebt, unterschiedliche Auswirkungen.

Mit drei, vier Jahren scheint das Kind solche Szenen fast zu genießen: Für ein kleines Kind ist das mehr oder weniger wie die »Urszene«, wo der phallischere der beiden den Sieg davonträgt. In diesem Alter erzählen Kinder vom »Papa, der die Mama haut« wie von einem Fernsehhelden oder einer Comic-Figur.

Nach der ödipalen Phase ist das ganz anders: Da leidet das Kind mit dem geschlagenen Elternteil und erlebt die Niederlage als Mißachtung seiner eigenen Sexualität. Wenn die Frau geschlagen und besiegt wird, dann wirkt das auf die passiv-rezeptiven Triebanteile des Jungen wie das Vorbild einer masochistischen Einstellung, da die Mutter trotz allem weiter bei ihrem Mann und in der Familie bleibt. Solche Gewaltszenen prägen sich dem Kind für immer ein und werden so von einer Generation zur nächsten weitergegeben. Ich habe soeben über die Wirkung von Gewalttätigkeiten auf die passiv-rezeptiven Triebanteile des Jungen gesprochen; er erlebt aber in solchen Situationen auch seine aktiv-phallischen Triebanteile, und zwar als eine destruktive Macht, die auch vor der Partnerin nicht haltmacht, und auch das hat Vorbildwirkung: Die Männlichkeit des Jungen orientiert sich an Brutalität und Kriminalität.

Auf ein Mädchen hat physische Gewalt zwischen den Eltern eine ähnliche Wirkung, aber sie hat darüber hinaus noch den Effekt, daß der Elternteil, der in der Prügelei unterliegt, als Musterbeispiel für das verachtenswerte und verachtete Geschlecht genommen wird.

Wenn sich die Eltern schlagen, versuchen alle Kinder, Jungen wie Mädchen, sich dazwischenzuwerfen. Dabei geraten sie in Gefahr, den noch schwachen Riegel aufzubrechen, der bisher ihre inzestuösen Begierden zurückhielt. Und heutzutage ist diese Gefahr noch größer als in früheren Zeiten, in denen heranwachsende Jungen und Mädchen zur Zeit ihrer Pubertät ohne weiteres ihr Elternhaus verlassen konnten, um anderswo zu arbeiten.

Bringt es denn Erleichterung, wenn so ein gewalttätiger, trinkender Vater oder eine prügelnde, lieblose Mutter aus der Familie verschwindet?

Zumindest anfangs weiß es das Kind zu schätzen, daß nach einer stürmischen Zeit wieder Ruhe einkehrt. Aber mit der Zeit wird eine andere Gefahr deutlich, die nämlich, daß das Kind mit dem verbleibenden Elternteil ein »verschworenes Paar« bildet und ihn idealisiert, was dann dazu führt, daß das Kind beschließt, sein Leben ganz in den Dienst dieses Elternteils zu stellen. Ich habe das des öfteren erlebt: »Ich will nicht heiraten, weil Mama sich für uns aufgeopfert hat. Was ich verdiene, muß ich Mama geben.« Diese Kinder idealisieren ihre Mutter, um mit ihren Inzestwünschen fertigzuwerden. Diese Probleme treten erst in der Adoleszenz auf, wobei Jungen und Mädchen zu unterschiedlichen Lösungsmöglichkeiten gelangen. Beim Mädchen kann die Lösung eine unbewußte Vorstellung von »Schwesterlichkeit« sein: Es teilt sein ganzes Leben mit der Mutter.

Würdest du ein solches Mädchen als »retardiert« bezeichnen?

Ja, genau. Das Mädchen beschließt, in der Zukunft all das zu kompensieren, die Tatsache, daß die Mutter einen Teil ihrer jungen Jahre dafür geopfert hat, die Familie zusammenzuhalten, nachdem der Vater sich seiner Verantwortung entzogen hat.

Bei Jungen kompliziert sich die Situation in der Adoleszenz; jeder Fall führt zu anderen Lösungen, und häufig hat die Lösung neurotischen Charakter.

Um die Mutter ja nicht »sitzenzulassen«, beschließen sie vielleicht, auf ein eigenes Sexualleben zu verzichten oder das lange Studium, das sie lockt, nicht anzufangen, weil es ihnen zu kostspielig und zu langwierig scheint. Und aus lauter Schuldgefühlen kommt es zu einer »Embolie« des Libido-Kreislaufs in den Beziehungen zu ihren Altersgenossen. Sie fühlen sich verpflichtet, die Verantwortung eines Ehepartners auf sich zu nehmen, und darauf reagieren sie entweder mit Opposition, wodurch das

Zusammenleben mit der Mutter unerträglich wird, oder sie leben in einer Art unechter Keuschheit oder sie haben unechte homosexuelle Beziehungen zu Freunden, die in der gleichen Situation sind. Solche Neurotiker sind nicht leicht zu ertragen.

Und in beiden Fällen kann die Mutter ihrerseits wahrscheinlich keinen neuen Partner finden.

Nein, das kann sie nicht, denn der Platz des Partners ist besetzt.
Abschließend könnte man sagen, daß die Erleichterung nach dem Weggang des Unruhestifters nicht lange anhält. Denn der wiedereingekehrte Frieden ist eine gefährliche Falle für die Kinder und für den verbleibenden Elternteil, der sich für sie aufopfert. Das Verschwinden des »Bösewichts« könnte sich günstig auswirken, wenn die Libido der Frau nach einiger Zeit wieder erwachen und sich einem anderen Mann zuwenden würde, mit dem es sich leben läßt. Das würde wieder Ordnung in den Libido-Haushalt der Kinder bringen.

Bei Scheidungen, wo um das Kind gestritten wird, geschieht, wie du ausgeführt hast[36], folgendes: »Das Kind, das sich in einer Wachstums- und Strukturierungsphase befindet, erlebt die Erwachsenen nicht mehr als glaubwürdig und beispielhaft.«

Ja, häufig vertraut das Kind dem Wort des Erwachsenen nicht mehr, mit dem es zusammenlebt. Es hat erlebt, daß es zum Konflikt und zum Streit kam, weil die Eltern Probleme hatten, und zwar beide Eltern – zumindest sieht es das Kind so –, und deshalb ist der eine so unglaubwürdig wie der andere. Bei einer Konfliktscheidung wäre es deshalb am besten, das Kind für ein Schuljahr in eine Pflegefamilie zu geben oder aber, wenn es in seiner Familie bleiben soll, es so lange ins Internat zu schicken, bis sich die zerstrittenen Eheleute beruhigt haben.

Du sprichst hier wohl die Fälle an, in denen keiner der Ehepartner zum Nachgeben bereit ist, wo Urteile, Unterbrechungen, Einsprüche einander ablösen und jede soziale oder psychologische Untersuchung, jedes Gutachten mit einem Gegengutachten beantwortet wird.

Ja. In solchen Fällen ist manchmal eine radikale Lösung die einzig richtige. Zum Beispiel könnte man das Kind für ein Jahr zu einem Onkel oder einer Tante geben, die selbst Kinder haben und die nicht für den einen oder anderen Elternteil Partei ergreifen, oder dem Kind den Vorschlag machen, ins Internat zu gehen. Natürlich muß das alles mit dem Kind besprochen werden; man muß ihm klarmachen, daß das hitzige Krisenklima in seiner Familie nicht bekömmlich ist.

Ein Heranwachsender erlebt seine Entwicklung als einen Zustand, in dem Vergessen, Unbehagen und neue Erfahrungen gleichzeitig auftreten: Werden dabei auch Erinnerungen an Erfahrungen wieder lebendig, die er im Zusammenhang mit der Scheidung der Eltern gemacht hat?

Unbedingt; und nicht nur Erinnerungen an die Scheidung der Eltern, sondern an alles, was in seinem bisherigen Leben von Bedeutung war. Das ist ja gerade das Charakteristikum der Adoleszenz: alles, was als bedeutsam erlebt wurde, wird jetzt, bewußt oder unbewußt, im Gefühl und im Verhalten reaktiviert. Außerdem ist die emotionale Befindlichkeit immer depressiv.

Während der gesamten Adoleszenz?

Ja, während der gesamten Periode der Adoleszenz, denn hier wird ja getrauert; hier wird die bisherige Lebensform zu Grabe getragen. In dieser Zeit bekommen selbst die Worte einen anderen Sinn – wenn wir etwa an Worte wie »lieben«, »verlangen« oder »Lust haben« denken. Keines dieser Gefühle ist mehr das, was es zwischen dem achten und dem zwölften Lebensjahr war, auch nicht, was es zwischen dem vierten und achten Lebensjahr oder zwischen der Geburt und dem vierten Lebensjahr war. Diese drei Abschnitte der Kindheit müssen nun betrauert werden.

So wird auch verständlich, warum alle Heranwachsenden irgendwann mit dem Gedanken an Selbstmord spielen – was man nicht für eine ernsthafte Versuchung zur Selbsttötung halten darf. Das sind die »Wehen«, die die Geburt des Erwachsenen, des Bürgers, begleiten, und der beste »Geburtshelfer« ist ein Erwachsener, der nicht erschrickt, wenn ihm der Jugendliche solche Gedanken anvertraut, der einfach zuhört, keine Vorhaltungen macht oder den Jugendlichen wegen seiner depressiven Stimmung tadelt. Der Übergang von der Adoleszenz zum Status des Erwachsenen ist geprägt von der Trauer über den Verlust der Kindheit, die nun ohne nostalgische Erinnerungen an die Vergangenheit abgegeben werden muß.

Kann das übersteigerte oder fehlende Interesse am eigenen Geschlecht, an der Schule oder am Geld, wie es gewöhnlich in der Adoleszenz auftritt, aufgrund der Scheidung besondere Formen annehmen?

Diese Frage kann ich so nicht beantworten. Das hängt von der Persönlichkeit der Eltern ab. Manchmal ist es für einen Jungen leichter, wenn kein Vater da ist, der sich etwa der Berufswahl in den Weg stellen könnte. Und für ein Mädchen kann es leichter sein, wenn kein Vater da ist, der eifersüchtig auf den »Kerl« ist, mit dem das Mädchen gehen will. Es ist aber genausogut möglich, daß der Sohn oder die Tochter die Unterstützung des Vaters vermissen, weil nun kein Dritter da ist, der mäßigend auf die Mutter einwirken könnte.

Unter der Scheidung der Eltern gelitten zu haben ist ein Faktum, das sich nicht auslöschen läßt. Dieses Leid ist Teil der Gesamtproblematik eines Menschen, und darüber lassen sich keine allgemeingültigen Aussagen machen: Jeder Fall ist ein Sonderfall.

Die physische Abwesenheit, das symbolische Fehlen oder die Herabsetzung eines Elternteils kann beim Heranwachsenden bewirken, daß er in seiner Phantasie ein überzogenes Bild dieses Elternteils entwickelt, besonders dann, wenn es sich dabei um den Vater handelt.

Ein heranwachsender Junge muß unbedingt sein Selbstbild als zukünftiger Erzeuger bewahren; das tut er, indem er sich seinen leiblichen Vater als erfolgreich und vorbildlich vorstellt, und das trotz der derzeitigen Abwertung der Vaterrolle. Für einen Jungen ist es unabdingbar, daß er auf seine Fähigkeit, Leben zu schaffen, vertrauen kann und seiner Zeugungsfähigkeit sicher ist. Und er will es besser machen als sein Vater, »der sich geirrt hat, als er Mama heiratete«, oder seine Mutter, »als sie den Papa zum Mann nahm«.

Der Heranwachsende folgt der Logik des Lebendigen, wenn er den Glauben an seine reifenden Keimdrüsen und das Vertrauen in seine Potenz bewahrt und sich von dem Vorbild löst, das dieser Vater oder diese Mutter ihm vermittelt haben. Deshalb muß er überkompensieren.

> Manche Jugendliche, die bei nur einem Elternteil aufwachsen, und deren Vater oder Mutter wieder einen neuen Partner gefunden hat, bekunden in dieser Zeit den Wunsch, einmal eine Weile bei dem anderen Elternteil zu leben.

Es ist bedauerlich, daß ihnen das erst in der Adoleszenz einfällt! In dieser Phase ist es in jedem Fall höchste Zeit, daß sie einmal mit dem anderen Elternteil zusammenleben wollen. Andernfalls wird dieses Versäumnis zu einer Belastung für die Zukunft des Heranwachsenden, der ja eines Tages erwachsen sein und selbst Kinder haben wird.

Ein Jugendlicher muß sich unbedingt ein eigenes Bild von der Person seines Vaters machen, und das geschieht, wenn er ihn als einen Erwachsenen in Verbindung mit einem anderen Erwachsenen erlebt. Dasselbe gilt natürlich für die Mutter.

Die Scheidung hat den Blick des Kindes auf die Person seines Vaters oder seiner Mutter unmöglich gemacht oder zumindest verfälscht. Deshalb scheint es mir so dringend notwendig, daß ein Heranwachsender für einen Zeitraum, der wesentlich länger sein sollte als die Ferien, bei dem nicht-ständigen Elternteil lebt: Das kann ein Zeitraum von einem oder zwei Jahren sein, bis der Jugendliche erwachsen ist und eine Möglichkeit findet, nicht mehr bei seinen Eltern zu leben. Und das geschieht nicht mit dem Ziel, ein Urteil zu fällen, sondern um den anderen Elternteil besser kennenzulernen, und zwar nun als Erwachsenen und nicht mehr als »Papa« oder »Mama«.

Es ist sehr bedauerlich, daß der ständige Elternteil diese Suche des Kindes nach dem anderen Elternteil manchmal als Tadel oder Kränkung empfindet, denn eigentlich ist es gerade das Gegenteil. Es ist ein Zeichen dafür, daß der erziehungsberechtigte Elternteil seine Sache gut gemacht hat: Er hat das Kind gelehrt, sich seinen Gefühlsregungen und dem mit der Adoleszenz und dem Erwachsenwerden verbundenen Hunger nach Wissen und Erkenntnis zu stellen.

Manche Heranwachsende wagen es nicht, sich der Beendigung ihrer unbewußten kindlichen Identifikation mit den Eltern in ihrer ganzen Komplexität zu stellen. Glaubst du, daß Erwachsene besser zu ihrer eigenen Affektivität finden, wenn man mit ihnen bespricht, was zur Scheidung ihrer Eltern geführt hat?

Es ist immer gut, die Wirkung von Dingen, die geschehen sind, in Worte zu fassen. Aber es reicht nicht immer, die Ansichten anderer Leute anzuhören, die von denen der Eltern abweichen. Reden ersetzt nicht die gelebte Erfahrung. Es ist besser als nichts, aber es kann auch zur Falle für den Heranwachsenden werden: Er könnte auf Leute hereinfallen, die einfach nur gut reden und sich gut ausdrücken können.

Aber vielleicht kann ihm das helfen, sich selbst bewußt auszudrücken?

Auszudrücken, was er fühlt, das ja, aber wohl nicht, sich weiterzuentwickeln. Es ist besser als nichts, aber es reicht nicht.

Heutzutage kann man Sachen hören wie: »Bist du ein Kind aus einer geschiedenen Ehe? – Ich auch, meine Eltern sind auch geschieden.« Kann daraus eine Liebesbeziehung entstehen? Sollten Scheidungen etwa neue Stammbäume begründen?

Die beiden sind durch das gleiche Leid gegangen. Es kommt

vor, daß Leute sich miteinander verbinden, weil sie glauben, daß eine vergleichbare juristische Situation auch das gleiche Leid hervorbringt, aber ich glaube nicht, daß das stimmt. Ebensowenig, wie »Wir stammen beide aus Familien, in denen man sich gut versteht« schon bedeuten muß, daß ein Mann und eine Frau füreinander bestimmt sind oder sich a priori bestens verstehen. Meiner Ansicht nach ist auch das eine Falle. Es ist eine Sache, sich mit jemandem gut zu verstehen, weil er in kulturellen Dingen den gleichen Geschmack hat oder die gleichen Freizeitinteressen; aber es ist etwas anderes, als »Geschwister im Elend der Kindheit«[37] zu sein.

> »Also, dann muß man vielleicht heiraten, damit man sich scheiden lassen kann . . . oh, aber das ist noch lange hin . . .«, sagte ein Kind. Und du hast diesen Ausspruch folgendermaßen kommentiert: »Ein solches kindliches Verhalten wird für die eigenen Kinder reproduzieren, was diese Jugendlichen so leidvoll erlebt haben. So werden zukünftige Scheidungen vorbereitet . . .«[38]

Das nennt man dann eine »Familienneurose«, und es bedeutet, daß die junge Generation in die gleichen Sackgassen gerät wie die alte. Das ist der »Familienkreis«, den André Maurois so meisterhaft beschrieben hat und der so vollständig im Widerspruch zu den bewußten Wünschen der Menschen steht. Die Identifikation ist deshalb so fatal, weil die Kinder so gerne glauben wollen, daß die Eltern etwas Absolutes sind, »gute Götter«, über die man sich kein Urteil erlauben darf. Dabei wäre es gerade die Pflicht der Heranwachsenden, die Eltern zu beurteilen als Menschen, die getan haben, was sie konnten, mehr nicht. Und die Eltern dadurch ehren, daß sie es anders machen.

Was zählt, ist, daß der Heranwachsende die Verantwortung für sich selbst übernimmt, und zwar deshalb, weil er immer die Verantwortung für sich hatte. Als er klein war, herrschte darüber eine Zeitlang Verwirrung, denn er hielt sich für den Großen, der sich um ihn kümmerte. Das geschah im Unbewußten, da, wo er den Erwachsenen, von dem er abhängig war, mitsamt seinen Worten und seiner Neurose verinnerlicht hatte. Nun muß sich der Heranwachsende aus der Identifikation mit der Mutter und dem Vater lösen, um er selbst zu werden und in seiner eigenen Zeit und seinem eigenen Raum seine eigenen Erfahrungen zu machen.[39]

Man muß nicht eine schicksalhafte Erblichkeit bemühen, um gewisse Dinge zu erklären, denn die psychoanalytische Psychotherapie – besser noch die Psychoanalyse – gibt dem Menschen die Möglichkeit an die Hand, seine ödipale Verhaftung in Worte zu fassen und aufzulösen.

7 Das Kind und die Schule

Die Umfrage zum Thema Scheidung, an der du beteiligt warst[40], ergibt, daß »in beiden Klassen von den vierzig befragten Schülern kein einziger von seinen Eltern erfahren hatte, daß sie sich scheiden lassen wollten«. Es ist häufig noch so, daß die Kinder ihren neuen Status als Kinder geschiedener Eltern weder dem Lehrer noch den Klassenkameraden gegenüber erwähnen. Läßt sich diese Haltung damit erklären, daß die Eltern über die Scheidung und alles, was damit zusammenhängt, Schweigen bewahren?

Wenn man mit dem Kind nicht über die Scheidung spricht, dann »instruiert« man es gewissermaßen durch dieses Nicht-Aussprechen, das auch eine Form der Kommunikation ist. Für ein Kind ist etwas Unausgesprochenes gleichbedeutend mit etwas, das man verheimlichen muß. Und die Scheidung wird dadurch zu etwas »sehr Schlimmem«, zu etwas, wofür die Eltern sich zu schämen scheinen, als sei Scheidung ein Verbrechen, das weder legalisiert noch von der Gesellschaft akzeptiert werden kann. Aber nicht alles, was man verheimlicht, ist deshalb schon eine »Schweinerei«: Bei den Menschen verbergen die Erwachsenen ihre Geschlechtsmerkmale, um sie dadurch besonders hervorzuheben.

Weiterhin sprechen Erwachsene nicht mit jedermann über ihre heimlichen sexuellen Freuden; man will sie für sich behalten. Das ist das Wesen der Erotik.

Für ein Kind hat das Unausgesprochene eine außerordentlich erotische Note. Und darin liegt so viel Lust, daß es unanständig wäre, anderen davon zu erzählen. Das würde das sexuelle Schamgefühl des Kindes verletzen. Wird dann das Unausgesprochene in Worte gefaßt und die Scheidung angesprochen, dann erlebt das Kind sie als etwas Trauriges, Betrübliches, aber nicht mehr als Schande und auch nicht mehr als lustbetontes Geheimnis.

Und dann kann es auch mit anderen darüber sprechen.

Ja, genau. Es ist übrigens interessant, daß die Mehrzahl der siebzehn- bis achtzehnjährigen Jugendlichen, die während der Scheidung schwere Zeiten durchgemacht haben, sich so äußern: »Mir wäre es damals lieber gewesen – und auch noch heute wäre es mir lieber –, mein Vater wäre gestorben, als erleben zu müssen, daß er sich von meiner Mutter scheiden läßt. Ich wäre sehr traurig gewesen, wenn man mir gesagt hätte, daß mein Vater tot ist, aber darüber hätte ich doch reden können. Aber daß meine Eltern geschieden waren, das konnte ich niemandem erzählen, da war ich völlig blockiert. Ich konnte auch keinen Klassenkameraden mit zu mir nach Hause nehmen. Ich blieb immer vor der Haustür stehen, und jedesmal, wenn er mich auf meine Eltern ansprach, hab' ich halt irgendwas darauf geantwortet, weil ich die Wahrheit nicht sagen konnte.«

Als ob man sich wegen einer Scheidung, die ja doch ein ebenso legaler Akt ist wie die Eheschließung, schämen müßte. Die Scham gehört beim Kind zu den unbewußten Gesetzen der Libido und hat nichts mit dem geschriebenen, dem positiven Gesetz zu tun. Eines toten Vaters oder einer toten Mutter braucht man sich nicht zu schämen, wohl aber schämt man sich eines Vaters oder einer Mutter, die ihre Kinder im Stich lassen.

Manche Lehrer, die frisch geschieden sind, leiden sehr unter ihrer Scheidung. Ich denke da an eine sehr gute Lehrerin, die ganz traurig zu ihrer Klasse sagte: »Dieses Jahr feiern wir den Vatertag nicht; das wäre für die Kinder, die keinen Vater haben, zu traurig.«

Als ob die Trennung der Eltern bedeutete, daß die Kinder den Vater verloren haben. Ganz offensichtlich hat sich diese Frau stark mit ihren Kindern identifiziert, was bei Lehrern leider häufig vorkommt.

Du meinst: Sie identifizierte sich mit den »Kindern in ihrer Klasse«?

Ja, mit den Kindern, die sie »ihre« Kinder nennt. Auch Eltern identifizieren sich häufig mit ihren Kindern, wenn sie nicht aufpassen.

Gilt das nur für Eltern, die Lehrer sind?

Nein, das gilt für alle Eltern. Das wird deutlich, wenn sie von sich selbst oder von ihrem Partner in der dritten Person sprechen: »Mama tut dies oder das«, oder wenn eine Frau ihren Mann »Papa« nennt. Das geschieht völlig unbewußt, aber man hört es ständig.

Ein anderes Beispiel für die Identifikation der Eltern mit dem Kind: Wenn Adoptiveltern dem Kind verschweigen, daß es adoptiert wurde, dann rechtfertigen sie ihr Schweigen so: »Es ist ganz unmöglich, ihm das zu erzählen. Wenn ich an seiner Stelle wäre und man mir so etwas erzählt hätte, dann wäre das zuviel für mich gewesen.« – »Aber das liegt daran, daß Sie eben kein Adoptivkind sind. Für ihn ist die Adoption Teil seiner persönlichen Geschichte. Im Gegenteil, Sie sind es ihm schuldig, ihm die Wahrheit zu sagen; denn daran wird er wachsen.«

Wie oft habe ich geschiedene Mütter, die vom Vater ihrer Kinder sprachen, sagen hören: »Er hat uns verlassen, als mein Ältester sieben war.« Ich fragte dann das Kind, das gleichfalls anwesend war: »Siehst du denn deinen Vater gar nicht mehr?« »Doch, doch«, antwortete die Mutter, »alle vierzehn Tage besucht er ihn.« – »Und warum nennen Sie das dann ›verlassen‹?« – »Ich wollte sagen, er hat sich scheiden lassen, als mein Ältester sieben war.« Diese Mütter werden zusammen *mit* ihren Kindern geschieden: Wenn sie geschieden werden, dann wird auch das Kind geschieden.

Um noch einmal auf dein Beispiel mit der Lehrerin zurückzukommen: Sie hat sich mit ihren eigenen Kindern oder mit den Kindern in ihrer Klasse so völlig identifiziert, daß sie ihren Kummer auf die Kinder projiziert: Wenn sie keinen Mann mehr hat, dann haben die Kinder auch keinen Vater mehr.

Die Lehrerin ist häufig die wichtigste Ansprechpartnerin der Kinder, und manchmal vertraut ihr ein Kind seine persönlichen Sorgen an: »Mama weint, weil Papa nicht mehr mit ihr schläft«, erzählte eine Vierjährige ihrer Vorschullehrerin.

Es ist wichtig, daß das Kind auf ein vertrauensvolles Bekenntnis eine aufrichtige Antwort bekommt. Es sollte nicht erleben müssen, daß die Antwort steif und gekünstelt ausfällt oder daß die Lehrerin schnell das Thema wechselt und von etwas anderem spricht.

Natürlich haben wir alle unsere Grenzen, unsere Widerstände, unsere Eigenart. Aber jeder Lehrer oder jede Lehrerin sollte fähig sein, etwa so zu antworten: »Du hast ganz recht getan, mir das anzuvertrauen. Das ist ein Geheimnis. Erzähl' niemandem sonst davon. Ich werde es auch nicht weitererzählen.«

Das ist ja wohl das mindeste.

Ja, aber das Kind hat wenigstens einmal einem Menschen gegenüber erzählen können, was es bedrückt; es fühlt sich dann nicht mehr so allein.

Und der Lehrer hat unmißverständlich zum Ausdruck gebracht, daß er zugehört und verstanden hat.

Ja, genau. Bei manchen Kindern ist jedoch ein Hauch von Schuldgefühlen den Eltern gegenüber herauszuhören, und dann wäre es gut, wenn noch hinzugefügt würde: »Was du mir da erzählst, ist weder gut noch böse. Es macht dich traurig, aber es ist ja nicht deine Schuld. Im Leben der Erwachsenen gibt es immer mal schwierige Situationen.« Und dann zum Abschluß: »Es ist völlig in Ordnung, daß du mir davon erzählt hast. Das ist ein Geheimnis, das ich für mich behalte.« Es ist wichtig, das noch einmal ausdrücklich zu sagen, denn das Kind fühlt sich schuldig, und zwar um so stärker, je mehr Schuldgefühle die Eltern wegen ihrer Scheidung haben, obwohl eine Scheidung wahrhaftig nichts Böses ist. Und deshalb gibt es keinen Grund, weshalb das Kind diese Stimmung der Schuld von den Eltern übernehmen sollte.

Du betonst, daß es auch zu den Aufgaben der Schule gehört, den Kindern das Verständnis und das Vokabular für verwandtschaftliche Beziehungen nahezubringen[41]. Könnten nicht auch die verschiedenen Familienformen in der Schule behandelt werden?

Ja, natürlich. Schon mit Sechsjährigen könnte man im Rahmen des Unterrichts Texte lesen, die verschiedene Familienformen zum Thema haben, oder zum Beispiel die Probleme, die für ein Kind entstehen, wenn sich seine legitimen – und vor allem die leiblichen – Eltern trennen oder wenn ein Elternteil plötzlich nicht mehr da ist. In diesen Themenkreis gehören auch Probleme mit Adoptiv- oder Pflegeeltern. Wenn diese Dinge anhand von literarischen Texten besprochen werden, dann kann jedes Kind seine eigenen Gedanken dazu äußern, die dann zusammen mit den Mitschülern und der Lehrerin besprochen werden können.

Und was könnten diese Lektüre-Diskussionen bewirken?

Wenn man den Einzelfall eines Kindes in einen allgemeinen Rahmen stellt, dann hat es vielleicht nicht mehr so sehr das beschämende Gefühl, nicht so zu sein, wie Kinder nun mal am liebsten sind: wie alle anderen. Deshalb ist es wichtig, ihnen zu vermitteln, daß andere dieselben Probleme haben. Und die eigenen Probleme in der Literatur wiederzufinden und anhand von Texten zu besprechen, schafft Distanz zu der schmerzlichen Realität, die die Seele belastet, und nur mit Hilfe dieser Distanz ist ein Mensch in der Lage, seine Familiensituation zu akzeptieren und zu bewältigen. Von dem Augenblick an, wo Freud und Leid in Worte gefaßt werden können, können die Wunden, die der Narzißmus des Kindes erlitten hat, unmittelbar sublimiert werden, denn das Kind findet in der Literatur eine Unterstützung der unbewußten Phantasien, die aus seiner spezifischen Situation erwachsen und unter denen es leidet.

An einer Schule gibt es sehr unterschiedliche Lehrer, und es kann gut sein, daß sich der eine oder andere Schüler zum Beispiel durch heftiges Weinen direkt oder indirekt an einen bestimmten Lehrer um Hilfe wendet.

Die Heranwachsenden sind auf der Suche nach dem idealisierten Vater oder der idealisierten Mutter; das ist häufig der Fall. Es ist nun am Lehrer, diese Gefühlsbeziehung nicht im Keim zu ersticken und der Dynamik, die das Kind beherrscht, mit Toleranz zu begegnen; denn vielleicht hat das Kind niemanden, der es emotional stützt. Natürlich darf die Reaktion des Lehrers oder der Lehrerin auf den Wunsch des Kindes nach Beachtung in keiner Weise erotisch getönt sein, auch dann nicht, wenn es sich um eine »Liebesimplosion«, um den Wunsch nach Liebe in allen Bereichen handelt. Es gibt da ein paar Sätze, die man in Bereitschaft haben sollte, um sie in solchen Augenblicken auszusprechen – natürlich jeder mit seinen eigenen Worten: »Sie haben ein Alter erreicht, das das schwierigste des ganzen Lebens ist. In Ihrem Alter findet eine völlige Umwälzung Ihres Gefühlslebens statt. Wundern Sie sich deshalb nicht, wenn Sie sehr intensive und sehr seltsame Gefühle haben, die nicht die Reaktionen beim anderen hervorrufen, die Sie sich wünschen. Diese Phase haben alle Erwachsenen durchgemacht, und es ist eine schwierige Phase.«

Du sprichst hier die allgemeine Situation des Heranwachsenden an und nicht den Spezialfall des Scheidungskindes.

Es ist doch keine Lösung, wenn ein Heranwachsender unter seinen Lehrern »Papa und Mama« sucht, aber es ist eine Gelegenheit zu erkennen, daß seine Wünsche problematisch sind und den inneren Konflikt bewirken, an dem er leidet. Das kann ihm zu der Erkenntnis verhelfen, daß das alles zwar »schwierig« ist, aber weder gut noch böse, und daß er selbst sich mit diesen Wünschen nicht lächerlich macht.

Das verlangt vom Lehrer Respekt vor der Persönlichkeit des Heranwachsenden, und es verlangt die Fähigkeit, das Richtige zu tun und das Richtige zu sagen.

Manche Lehrer erinnern sich noch an die Schwierigkeiten, die sie selbst als Heranwachsende durchlebt haben; sie sind tolerant gegenüber den Leiden der Jugend, weil sie wissen, wie gefährlich diese Leiden für sie selbst waren, als sie jung waren. Sicher hätten sie sich damals gewünscht, jemandem zu begegnen, der ihnen geholfen hätte, damit fertig zu werden.

Du hast 1965 den Vorschlag gemacht, daß Schüler, die darum ersuchen, unverbindliche Gespräche mit einem Psychologen führen könnten, der keinerlei gesetzliche Macht oder Handlungsbefugnis haben sollte. Was ist daraus geworden?

Mein Vorschlag hatte keinerlei Echo. Dagegen weiß ich zum Beispiel von vielen Krankenschwestern an Schulen, daß sie die reinsten »Auffangbecken« für die Herzschmerzen der heranwachsenden Jungen und Mädchen werden, wenn sie das, was ihnen erzählt wird, kommentarlos anhören und auch nicht den Eltern oder den Lehrern gegenüber Stellung beziehen: zuhören, ein wenig Mitgefühl zeigen, eine Tasse Kamillentee anbieten . . .

Man geht zur Krankenschwester, weil man angeblich Kopfschmerzen oder Magenschmerzen hat. Das beginnt mit einer Aussage in der Körpersprache, und allmählich fängt man an, ein bißchen zu erzählen. Es kommen Tränen, man putzt sich die Nase, und dann ist es etwas besser. Daß ein Kind oder ein Jugendlicher sich eher an die Krankenschwester als an den Psychologen wendet, spricht meiner Meinung nach dafür, daß es schwerfällt, jemandem sein Herz auszuschütten, von dem man glaubt, daß er das, was ihm anvertraut wird, anderen Erwachsenen auf direktem oder indirektem Weg weitererzählt. Bei der Krankenschwester fühlt man sich sicher, weil die Meinung herrscht, daß sie, wie der Arzt, unter Schweigepflicht steht.

Würdest du es für gut halten, daß die Krankenschwester sich mit dem Psychologen abspricht, wenn der Fall eines Kindes etwas komplexer ist?

Keinesfalls. Dagegen könnte die Krankenschwester zu dem Kind sagen: »Du könntest doch einmal mit dem Psychologen darüber sprechen«, wenn sie von diesem weiß, daß er keine schriftlichen Notizen macht, keine Akte anlegt und das Berufsgeheimnis wahrt. Aber sie selbst darf nicht mit dem Fall des Kindes zum Psychologen gehen.

Aber sie kann doch dem Kind sagen, daß sie den Psychologen gut kennt?

Ja, und daß er verschwiegen ist. Und sie sollte noch hinzufügen: »Ich jedenfalls werde nicht mit ihm über dich sprechen und ihm natürlich auch nichts von dem erzählen, was du mir anvertraut hast.«

Das müßte übrigens genauso auch für die Eltern gelten. Wenn ein Kind sieben Jahre alt ist, soll die Mutter zu ihm sagen: »Ich werde deinem Vater nicht weitererzählen, was du mir sagst, aber ich finde, du solltest es ihm selbst erzählen. Wenn du willst, helfe ich dir, den ersten Schritt zu tun und mit ihm zu sprechen.«

Kinder sind dem ganzen »Psycho-Bereich« gegenüber höchst empfindlich, und das kommt sicher daher, daß der »Psycho« ein Protokoll schreibt und daß seine Akte an ihnen hängenbleibt. Oder vielleicht auch, weil dann »hinter ihrem Rücken« über die Probleme gesprochen wird, die sie ihm im Vertrauen erzählt haben.

Und die Sozialarbeiterin?

Der Begriff »Sozialarbeiterin« weckt Assoziationen mit juristischen und sozialen Dingen, worum es dem Kind jedoch nicht geht. In diesem Bereich sucht es ja nicht nach Auswegen – außer in den seltenen Fällen, wo ein Kind die Verantwortung für sich übernehmen und die Familie verlassen will, obwohl es noch nicht volljährig ist. Der juristische oder soziale Status des Kindes ist nicht leidend, wohl aber sein Herz und sein Körper.

Eine Sozialarbeiterin kann dem Kind begreiflich machen, daß sein Problem psychologischer Natur ist; das kann übrigens auch der Lehrer tun. Hat der Schulpsychologe eine psychotherapeutische Ausbildung, dann kann die Sozialarbeiterin dahingehend auf das Kind einwirken, daß es um einen Gesprächstermin bittet. Es gehört zu den Aufgaben einer Sozialarbeiterin, über die

Ausbildung und die Arbeitsweise der Psychologen in ihrem Arbeitsbereich Bescheid zu wissen. So muß sie auch wissen, ob der Schulpsychologe eine psychotherapeutische Ausbildung hat oder nicht. Wenn das nicht der Fall ist, kann sie nach einer psychologischen Praxis in der näheren Umgebung suchen und dem Kind oder dem Jugendlichen dabei helfen, die notwendigen Schritte zu unternehmen, um einen Termin zu bekommen. Auf keinen Fall kann die Sozialarbeiterin den Psychologen ersetzen, und auch nicht die Krankenschwester mit ihrer »Kamillentee-und-Aspirin«-Methode.

> Du vertrittst die Auffassung, daß der nicht-ständige Elternteil verpflichtet ist, ein Auge auf die Erziehung des Kindes zu haben. In dem betreffenden Erlaß des Ministeriums für Erziehung ist aber nur davon die Rede, daß er das Recht hat, sich schriftlich oder durch Gespräche mit den zuständigen Lehrern über den Verlauf der schulischen Erziehung zu informieren; allerdings muß er dazu einen Antrag stellen.[42]

Der Ministerialerlaß gibt ihm das Recht, informiert zu werden; es ist jedoch seine Pflicht, sich zu informieren. Ich finde es sehr bedauerlich, daß bei geschiedenen Eltern das Zeugnis nicht automatisch und obligatorisch an beide Eltern geschickt wird. Wenn der eine Elternteil mit der ganzen Sache nichts zu tun haben will, so ist das seine Angelegenheit; aber der Schulleiter müßte verpflichtet sein, das Zeugnis an beide Eltern zu schikken, also auch immer an den nicht-ständigen Elternteil, und zwar auch dann, wenn dieser das nicht beantragt hat, und auch, wenn der andere Elternteil dies nicht wünscht.

8 Das Kind in der Rechtsprechung

Du hast einmal geschrieben, daß es die Möglichkeit geben sollte, eine Trennung einfach nur zu registrieren, so wie auch eine Eheschließung in das Heiratsregister eingetragen wird.
In Dänemark wird das so gehandhabt. Sind die Eheleute in allen wesentlichen Punkten einig, so können sie durch eine einfache Verwaltungsentscheidung den Status einer legalen Trennung oder Scheidung erlangen.[43] Zuerst lebt das Paar ein Jahr lang in behördlich registrierter Trennung: Während dieser Zeit haben beide Gelegenheit, Erfahrungen mit der Trennungssituation zu sammeln. Wünschen sie nach Ablauf dieses Jahres immer noch die Scheidung, dann kann eine »administrative Scheidung« ausgesprochen werden, die kostenfrei ist. Nur wenn im Verlauf des Trennungsjahres Meinungsverschiedenheiten in wesentlichen Punkten auftreten, wird es notwendig, das Gericht anzurufen und zwei Anwälte zu nehmen.

Davon habe ich nichts gewußt, als ich über die Möglichkeit einer Trennung ohne Gericht nachdachte. Es ist sehr interessant, daß das in Dänemark bereits praktiziert wird. Das scheint ein sehr flexibles Verfahren zu sein.

Dennoch bin ich im großen und ganzen der Meinung, daß es nicht gut war, in unserer Gesellschaft die Scheidung so weitgehend zu liberalisieren.

Du hast häufig davon gesprochen, daß ein Kind nicht weiß, daß es Rechte hat – das Recht auf Nahrung, Wohnung und Erziehung, das Recht auf Beaufsichtigung, das Recht, nicht geschlagen zu werden. Wenn diese Rechte nicht mit Worten vermittelt werden, entwickelt das Kind in seiner Phantasie die Vorstellung, daß die Erwachsenen jegliches Recht über seine Person haben. In einer Scheidungsverhandlung hört das Kind, wie von Rechten die Rede ist, die das Gesetz den

Eltern zuspricht. Und es ist ja auch nicht gerade selten, daß ein Kind mit anhören muß, wie der ständige Elternteil dem anderen klarmacht: »Das Recht auf das Kind habe ich, nicht du.«

Meiner Meinung nach müßten die Begriffe »Rechte« und »Pflichten«, die nur in einem oder zwei Artikeln des Bürgerlichen Gesetzbuches zu Fragen der elterlichen Gewalt stehen[44], herausgenommen und präzisiert werden, ebenso auch in allen anderen Artikeln, wo es notwendig ist, diese Begriffe zu spezifizieren. Denn in den Ohren von Eltern und Kindern klingen diese Begriffe häufig widersinnig.

Tatsächlich gehört es zur Dialektik des Individuums, ob Erwachsener oder Kind, durch Rechte und Pflichten an die Gesellschaft gebunden zu sein.

Vor dem siebten Lebensjahr empfindet das Kind seine Pflichten als Verpflichtungen dem Stärkeren gegenüber, von dem es abhängig ist, weil es ohne ihn nicht überleben könnte. Es muß erst zu Einsicht und Verständnis heranwachsen, um zwischen seinen Pflichten und seiner Verpflichtung einem Erwachsenen gegenüber klar unterscheiden zu können.

Die Eltern wiederum haben keine Rechte mehr gegenüber einem Kind, das dieses Alter erreicht hat; sie haben nur noch Pflichten.

Mit vierzehn Jahren schließlich hat das Kind seinen Eltern gegenüber nur noch die Pflichten, die jeder Staatsbürger anderen Staatsbürgern gegenüber hat: die Pflicht zur Solidarität innerhalb der Familie und der Gesellschaft.

Nun ist es aber so, daß jedes Kind in der Vorstellung lebt, es sei das Zentrum, um welches das Leben seiner Eltern kreist. Deshalb glaubt es, daß seine Eltern sich seinetwegen »total verrückt machen« müssen. Selbst heute noch bewirken viele Urteilssprüche in Scheidungsverhandlungen, daß das Kind derartige Vorstellungen entwickelt; dabei sollte doch gerade das vermieden werden. Die sogenannten »Rechte« werden für Vater und Mutter, die an nichts anderes mehr denken können, zu einer regelrechten Obsession.

Und noch etwas verstärkt diese Haltung: Diese Gerichtsbeschlüsse sind rechtskräftig und können vollstreckt werden, notfalls sogar mit Hilfe der Polizei. Das verstärkt natürlich bei den betreffenden Leuten das Gefühl, völlig »im Recht« zu sein.

Auch heute noch heißt es im Scheidungsurteil häufig: »Scheidung wegen schuldhaften Verhaltens« oder »schuldig geschieden«. Zwar gilt meist das beiderseitige Verschulden als Scheidungsgrund, aber man kann doch noch oft hören: »Mein Mann (meine Frau) hat die alleinige Schuld.«
Abgesehen davon, daß diese abschätzige und anklagende Ausdrucksweise immer falsch ist, hat sie in jedem Fall eine destrukturierende Wirkung auf das Kind, ganz gleich, wie alt es ist; sie träufelt Gift in das Herz des Kindes.

Die Zwistigkeiten eines Paares rühren davon her, daß beide Probleme mit der persönlichen Entwicklung des anderen haben. Und ihr einziges Vergehen war, sich in sich selbst und im anderen getäuscht zu haben, als sie sich zusammentaten.

Der Vater – seltener die Mutter – wird dazu verurteilt, Unterhalt zu zahlen. Ist es wünschenswert, daß das Kind eines Tages liest oder hört, daß einer seiner Eltern »verurteilt« worden ist?
Wenn das Kind hört oder liest, daß sein Vater oder seine Mutter dazu »verurteilt« wurden, Unterhalt für das Kind und seine Geschwister – falls es welche hat – zu zahlen, dann ist das genauso ein Giftpfeil wie das Wort von dem »schuldig geschiedenen« Elternteil oder den beiden »wegen schuldhaften Verhaltens geschiedenen« Eltern.

Wenn es in einem Scheidungsprozeß um den Beschluß geht, wem die Ausübung der elterlichen Gewalt übertragen werden soll, dann beruft sich der Richter auf den Begriff des »Kindeswohls«, aufgrund dessen man entscheidet, welchem Elternteil das Sorgerecht zugesprochen wird. Dabei wird das Wort »Kind« in der Rechtsprechung in seinem weitesten

Sinn verwendet und bezeichnet einfach eine Tochter oder einen Sohn, die noch nicht das achtzehnte Lebensjahr erreicht haben.

»Minderjährig« wäre hier besser angebracht; »Kind« ist man nur im Zusammenhang mit den leiblichen, legalen oder Adoptiveltern. Wie auch immer, ob es nun »minderjährig« heißt oder »Kind«: dieser Passus des Gesetzes sollte sich nicht bis zum achtzehnten Lebensjahr erstrecken. Einem Kind aus einer geschiedenen Ehe muß – viel mehr als einem Kind aus einer harmonischen Ehe – zugestanden werden, daß es früher als andere versuchen darf, sein Leben selbst in die Hand zu nehmen, indem man ihm gestattet, eine Arbeit anzunehmen, statt dem verbleibenden Elternteil auf der Tasche zu liegen. Meiner Meinung nach sollte die Gesellschaft manchen Scheidungskindern die Fähigkeit zuerkennen, sich innerlich und äußerlich zu emanzipieren. Vielleicht müßte man eine neue Bezeichnung schaffen, so etwas wie »vom Gesetz anerkannter selbständiger Minderjähriger«. Die Bindung an seine Eltern wäre ja dadurch nicht gelöst, anders als im Fall einer rechtlichen Loslösung von den Eltern, die auch die Eltern ihrer Verantwortung entheben würde. Der Jugendliche könnte seine affektive Beziehung zu seinen Eltern bewahren und die Eltern ihre Verantwortung ihm gegenüber, allerdings nur, soweit der Jugendliche sie anerkennt.

Es ist die Besonderheit der Jugend, autonom sein zu wollen; und ganz besonders dann, wenn die Eltern geschieden sind.

Deiner Meinung nach beginnen die Autonomiebestrebungen eines Kindes schon im Alter von neun Jahren; mit zwölf Jahren ist es im allgemeinen schon autonom.

Aber die soziale Autonomie, die Möglichkeit, eine bezahlte Arbeit anzunehmen, müßte den Jugendlichen vom vierzehnten Lebensjahr an von der Gesellschaft zugestanden werden. Innerhalb der Familie beginnen die Autonomiebestrebungen tatsächlich schon mit neun Jahren. Das zeigt sich, wenn das Kind eigene Entscheidungen trifft, etwa, das Wochenende bei einem Freund zu verbringen, Geige oder Flöte zu lernen, oder wenn es in ein

Pfadfinderlager will. Die Eltern geben zwar die Erlaubnis, aber das Kind ergreift die Initiative. Natürlich werden diese Pläne von den Eltern überprüft, aber verboten werden sie nicht.

Bei Gericht wiederum sollte man nicht übersehen, daß die Maßnahmen, die »zum Wohl des Kindes« getroffen werden, die Ausgangsbasis für die Autonomie des Heranwachsenden sind. Die Entwicklung des Kindes verläuft dynamisch, und deshalb sollte der Beschluß über das Sorgerecht immer wieder überprüft werden. Alles, was dazu beiträgt, daß der Heranwachsende sich leichter von seinen beiden Eltern löst – von dem ständigen Elternteil ebenso wie von dem nicht-ständigen –, weil er durchaus imstande ist, die Verantwortung für sein Leben selbst zu übernehmen, sollte in den späteren Beschlüssen berücksichtigt werden. Dabei sollten auch die neuesten psychologischen Erkenntnisse herangezogen werden.

Das Sorgerecht muß unter drei verschiedenen Gesichtspunkten zuerkannt werden:

- was im Augenblick dem Wohl des Kindes dient, damit es nicht »kaputtgeht«;
- was mittelfristig dem Wohl des Kindes dient, damit es nach dieser schweren Zeit seine Entwicklungsdynamik wiedergewinnt;
- und was langfristig dem Wohl des Kindes dient, damit es sich von seinen Eltern trennen kann.

Ein Scheidungskind muß dahingehend gefördert werden, daß es seine Autonomie früher gewinnt als Kinder aus einer stabilen Ehe. Das heißt, man muß ihm die Möglichkeit geben, für sich selbst verantwortlich zu sein, damit es sich weder zu stark an den ständigen Elternteil klammert noch Fluchtmechanismen entwickelt. Wir kennen zwei Arten von Fluchtmechanismen: die Hemmung, die eine Flucht nach innen ist, und das Aufgeben, bei dem der Jugendliche die Schule oder die Lehre abbricht und wo es häufig auch zu wiederholten Fluchtversuchen kommt.

»Dem Wohl des Kindes dienen« heißt, das Kind zu verantwortlicher Autonomie führen.

Kürzlich hat mir jemand von einem zwanzigjährigen jungen Mann erzählt: Er war der jüngste von mehreren Geschwistern und blieb als einziger bei der geschiedenen Mutter, nachdem seine Geschwister das Haus verlassen hatten. Erst jetzt fängt er allmählich an, sich Freunde zu suchen, und zwar ausschließlich Männer. Seine Mutter ist beunruhigt: »Wir waren immer zusammen. Er war der einzige, der mir blieb. Er fand es gar nicht gut, was sein Vater getan hatte. Immer war er ein guter Schüler gewesen, und jetzt auf einmal, wo die Prüfung bevorsteht, wirft er alles hin.«

Er kann ja auch gar nicht erfolgreich sein, denn er ist immer noch in der Inzestbeziehung gefangen. In diesem Fall wäre es »zum Wohl des Kindes« gewesen, der Frau rechtzeitig klarzumachen, daß sie den Jungen ins Internat oder sonstwie aus dem Haus geben müsse, und daß sie verhindern müsse, daß er sich für sie aufopfert.

Wenn also, wie du sagst, die zum Wohl des Kindes getroffenen Maßnahmen darauf ausgerichtet sein sollten, die Autonomiebestrebungen des Kindes oder des Jugendlichen zu fördern, dann muß es möglich sein, die Sorgerechtsregelung immer wieder zu revidieren, je nachdem, in welcher Entwicklungsphase sich das Kind befindet.

Das ist auch im Gesetz so vorgesehen: Dieser Beschluß kann abgeändert werden, und zwar sooft es sich als notwendig erweist.[45] Nur wird dem Kind nie gesagt, daß es sich auch selbst an den Familienrichter wenden kann. Von seinem achten Lebensjahr an müßte ein Kind mit dem Familienrichter so oft sprechen können, wie es möchte.

Darüber hinaus und unabhängig von der Scheidungssituation erfährt ein Kind nicht, daß es sich jederzeit an einen Jugendrichter wenden kann und daß das zu seinen Rechten gehört.[46] Der Name des Jugendrichters müßte eigentlich in allen Schulen am Schwarzen Brett hängen.

In den meisten Fällen kennen die Kinder und Jugendlichen die Verfügungen des Scheidungsurteils gar nicht, und es informiert sie auch niemand darüber. Um das zu illustrieren, will ich hier ein Gespräch wiedergeben:

– Guten Tag, Frau Doktor.

– Guten Tag, Frau X.

– Mein Problem ist folgendes: Ich bin fünfzehn . . .

– Ach, und ich habe Sie mit »Frau« angeredet. Also noch einmal: Guten Tag, Fräulein X. Was führt Sie zu mir?

– Ja, also, ich bin fünfzehn Jahre alt, meine Eltern sind geschieden, und ich lebe bei meiner Mutter. Alle vierzehn Tage treffe ich mich mit meinem Vater, na ja, nicht so regelmäßig, aber jedenfalls hat er mir vorgeschlagen, mit ihm in Urlaub zu fahren. Ich muß noch dazu sagen, daß er verheiratet ist, also, daß er wieder geheiratet hat. Er hat mir vorgeschlagen, mit ihm . . .

– Mit ihm allein oder mit beiden?

– Mit beiden. Ich habe das meiner Mutter erzählt, und die ist absolut dagegen. Aber ich hänge sehr an meinem Vater und würde sehr gern mit ihm in Urlaub fahren, aber ich weiß nicht, wie ich meine Mutter dazu bringen kann, mich fahren zu lassen.

– Ja, ich verstehe. Und Ihre Mutter hat auch vom Gericht aus das Sorgerecht für die Ferien?

– Ja. Das heißt, im Prinzip habe ich das Recht, meine Ferien jedes Jahr . . . also, meine Mutter muß mich zwei Wochen mit meinem Vater verreisen lassen, aber das gilt für meinen Vater, nicht für meine Stiefmutter. Und dieses Jahr hat er mir eben vorgeschlagen, mit ihm und seiner Frau wegzufahren.

– Naja, und für Sie ist es natürlich viel besser, wenn die Frau Ihres Vaters auch mitfährt, als wenn Sie nur allein mit ihm verreisen. Und das sieht Ihre Mutter nicht ein?

– Nein.

– Liebt sie denn Ihren Vater noch?

– Ich weiß nicht, aber ich denke schon.

– Ist sie immer noch eifersüchtig?

– Das weiß ich auch nicht, darüber spricht sie nicht mit mir.

– Warum fragen Sie sie nicht einmal danach? In Ihrem Alter dürfen Sie doch Ihre Mutter fragen, welche Gefühle sie Ihrem Vater gegenüber hat?

– Ja, aber sehen Sie, unsere Beziehung ist sehr schwierig. Wir verstehen uns kein bißchen, und ich habe nicht die geringste Lust, mit meiner Mutter über meine Probleme oder so zu reden. Das geht mit meinem Vater viel besser, denn das Verhältnis zu meiner Mutter ist nicht so eng, und es wäre mir unangenehm, über so etwas mit ihr zu sprechen.

– Also, es ist äußerst schwierig, Ihnen eine Antwort zu geben. Sie leben also bei Ihrer Mutter, und die will nicht, daß Sie mit Ihrem Vater und dessen Frau verreisen, und Sie wollen ihr nicht dadurch weh tun, daß Sie ohne ihre Zustimmung wegfahren. Vielleicht hat Ihr Vater gar nicht das Recht, Sie unter diesen Bedingungen mitzunehmen, vielleicht hat der Richter in der Scheidungsverhandlung etwas anderes verfügt. Sie müßten versuchen zu erfahren, welche Regelung bei der Scheidung getroffen wurde, als Ihr Vater noch nicht wieder verheiratet war, und ob es eine Regelung für den Fall seiner Wiederverheiratung gibt. Eigentlich müßte Ihr Vater jetzt, wo er wieder ein Heim hat, das Recht haben, Sie öfter als bisher bei sich zu haben. Und wenn Sie das Gesetz auf Ihrer Seite haben, kann Ihre Mutter Sie nicht daran hindern, mit Ihrem Vater und dessen Frau wegzufahren; auch nicht, wenn sie darunter leidet.

– Ja.

– Und das ist ein ganz entscheidender Punkt. Denn wenn Ihre Mutter das Sorgerecht hat und Sie etwas tun, das einerseits die Gefühle Ihrer Mutter kränkt und andererseits auch noch gegen die richterliche Entscheidung verstößt, dann hätte Ihre Mutter das Recht, sich an das Gericht zu wenden. Und unter dem Vorwand, daß Ihr Vater seine Rechte überschritten hat und Sie ohne Rücksicht auf die gerichtliche Regelung mitgenommen hat, könnte sie erreichen, daß er Sie gar nicht mehr sehen darf. Was Sie deshalb jetzt tun müssen, ist, herausfinden, wie das Umgangsrecht im Scheidungsurteil geregelt ist, und Sie müssen schauen, ob die Sorgerechtsregelung nicht geändert werden kann. Sie wissen ja, daß beide Eltern, aber vor allem auch ein Kind in Ihrem Alter, einen Antrag auf Ände-

rung des Sorgerechts stellen können. Das ist alles, was ich Ihnen dazu sagen kann. Auf Wiedersehen.[47]

Eine kleine Fünfjährige, deren Eltern in Scheidung lebten, fragte ihre viereinhalbjährige Freundin: »Du, weißt du, was eine Scheidung ist?« Und die andere gab zur Antwort: »Ja, Scheidung ist, wenn Papa und Mama nicht mehr zusammenleben können. An den Wochentagen gehst du dahin, wo es dir besser gefällt, zu deinem Papa oder zu deiner Mama. Und am Wochenende gehst du zu dem anderen, aber auch nicht immer.« Das kleine Mädchen war die Tochter eines Familienrichters.

Könntest du ihre Eltern und natürlich auch sie selbst fragen, ob sie uns gestattet, das zu veröffentlichen? Diese Worte verdienen Beachtung: hier drückt ein kleines Mädchen sehr gut die Dinge aus, die Erwachsene nicht immer aussprechen können.

Diese kleine Geschichte kann übrigens dazu beitragen zu verstehen, wo bei Kindern dieses Alters die Grenze des Verständnisses liegt. »Du gehst dahin, wo es dir besser gefällt« darf nicht heißen: »Alles, was die Eltern tun oder lassen, geschieht im Dienst des Kindes«. Nach der Scheidung hat jeder der beiden Eltern die Freiheit wiedergewonnen, sein Leben nun wieder wie ein(e) Unverheiratete(r) gestalten zu können. Beide können ihre Lebendigkeit wiederfinden, und das ist der positive Aspekt der Scheidung oder Trennung. Ein Erwachsener könnte dem Töchterchen des Familienrichters erklären, daß ihre kleine Freundin, deren Eltern in Scheidung leben, vielleicht eines Tages akzeptieren muß, daß ihr Vater sein Leben wieder mit einer Frau teilen will und daß auch ihre Mutter nicht für immer allein mit ihr bleibt.

Meistens spielt sich die Scheidung ohne das Kind ab. Bevor die Anhörung von Kindern über dreizehn Jahren offiziell Teil des Verfahrens wurde und gestattet wurde, auch Kinder unter dreizehn anzuhören, wenn das geboten erscheint[48], haben manche Familienrichter mit Billigung des Gerichtspräsidenten auch Neunjährige und sogar jüngere zu sich bestellt. Ihrer Meinung nach hatte das Kind das Recht, sich zu äußern, und sie begrüßten es, daß auch das Kind einmal den Menschen zu Gesicht bekam, der das Urteil spricht.

Das Kind sollte immer angehört werden – was aber keineswegs bedeutet, daß dann alles nach seinen Wünschen geregelt wird.

Man kann ihm übrigens auch die Entscheidung des Gerichts erklären: Der Richter hat entschieden, das Sorgerecht demjenigen Elternteil zu übertragen, der am besten geeignet scheint, die alltäglichen Pflichten zu erfüllen, die bei der Pflege und der Erziehung eines noch nicht selbständigen Kindes zu erledigen sind.

Bei älteren Kindern müssen deren Wünsche und Anmerkungen unbedingt berücksichtigt werden, vor allem, wenn darin ein wohlüberlegter und frei gefaßter Entschluß enthalten ist, mit dem einen oder dem anderen Elternteil zusammenleben zu wollen.

Unter welchen Bedingungen sollte denn die Anhörung des Kindes erfolgen, wenn es, wie du sagst, seine Meinung äußern soll?

Vom ersten Tag an, das heißt, von dem Augenblick an, wo das Verfahren eröffnet wird, sollten die Kinder davon verständigt werden. Und bei Abschluß des Verfahrens sollte der Richter ihnen die Gerichtsbeschlüsse erläutern, nachdem er zuvor allein mit ihnen gesprochen hat. Dazu gehört natürlich, daß der Richter imstande ist, mit Kindern zu sprechen, sonst sollte er jemanden damit beauftragen, dem es leichtfällt, mit Kindern Kontakt aufzunehmen. Derzeit sind noch zu wenige Richter dafür ausgebildet, mit Kindern zu sprechen, die mit den Problemen der elterlichen Scheidung konfrontiert sind. Aber das ändert sich: Die jungen Richter von heute sind anders, und das Gesetz ändert sich auch. Wichtig ist vor allem, daß das Kind die passenden Worte von jemandem hört, der nicht versucht, sich dem kindlichen Verständnis dadurch anzupassen, daß er die Probleme verniedlicht. Es reicht völlig, dem Kind zu sagen: »Weißt du, warum du hier bist? Deine Eltern tragen sich mit dem Gedanken, sich zu trennen, hast du das gewußt?« Ob das Kind antwortet oder nicht, ist ohne Bedeutung, denn schon mit sechs Monaten kann es hören und verstehen. Es gibt keine Altersgrenze, wenn es darum geht, einem Kind seine Situation zu erklären. (Die Einbürgerungszeremonie in Quebec beweist das; die Leute dort haben völlig recht mit ihrer Vorgehensweise.)

Solange das alles noch nicht richtig geregelt ist, könnte man ja einen kompetenten Psychologen damit beauftragen, mit Kindern und auch mit etwas angeschlagenen Erwachsenen in angemessener Weise zu sprechen.

Und was heißt in diesem Zusammenhang »in angemessener Weise«?

Der beauftragte Psychologe sollte eine entsprechende Ausbildung haben. Nicht unbedingt eine psychoanalytische, es kann auch eine Ausbildung in Gruppentherapie sein. Aber auch das Familienleben kann einen Menschen zur Unabhängigkeit erziehen und in ihm das Verständnis dafür wecken, daß er schon als kleines Kind intelligent war. Die Menschen, die sich als Kinder für dumm hielten, halten alle Kinder für dumm und uneinsichtig.

Warum habe ich begonnen, mich für Kinder zu interessieren? Ich war die vierte in einer Familie mit sieben Kindern, war intelligent und eine gute Beobachterin – eine phantastische Ausgangssituation. Meine Eltern kümmerten sich um die Kleinen und stellten einige Anforderungen an die Großen. Und ich in der Mitte, in der »Sandwich-Position«, hatte ein geruhsames Leben und konnte mir die Zeit mit Beobachten vertreiben, was ich sehr gerne tat. So habe ich gemerkt, daß Kinder intelligent sind und sich über alles, was sie sehen, ihre Gedanken machen.

Manchmal frage ich mich, ob nicht der Kontakt mit Rechtsfragen bei manchen Psychologen ganz unmerklich die Fähigkeit verkümmern läßt, ein Gespräch in »angemessener Weise« zu führen. Ich denke da an das Beispiel einer Freundin, die geschieden ist und das Sorgerecht für die

Kinder hat. Sie stand vor dem Problem, auf welche Schule sie ihre Kinder schicken sollte. Mit der Schule, für die sie sich entschieden hatte, war ihr Mann nicht einverstanden, und seine Gegenargumente waren durchaus bedenkenswert. Der Gedanke, mit ihm direkt zu diskutieren, behagte ihr nicht, deshalb rief sie eine Psychologin beim Gericht an. Sie kam nicht einmal dazu, das Problem zu formulieren, denn die Psychologin fragte sofort: »Wer hat das Sorgerecht? Sie? Also, dann liegt die Entscheidung bei Ihnen.«

Als ob es keine Probleme gäbe, wenn man das Sorgerecht hat! Solche formalen Antworten darf es nicht mehr geben. So darf man Eltern nicht antworten, die ein Gefühl für ihre Verantwortung haben und nach der besten Lösung suchen. Manchmal gibt es eben Konflikte, und es darf nicht sein, daß man so tut, als gäbe es keine, nur weil es aus juristischer Sicht gesehen keine gibt.

Der Richter arbeitet mit Experten zusammen, die dem Kind helfen können zu verstehen, daß nichts vollkommen ist, daß man nach dem »kleinsten Übel« sucht und dabei die finanzielle wie auch die emotionale Situation der Familie berücksichtigen muß. Es geht ja auch nicht darum, daß das Kind glücklich ist; vielmehr geht es darum, daß sich seine dynamische Strukturierung weiterentwickeln kann. Und die Dynamik der Strukturierung erwächst häufig gerade daraus, daß das Kind sich feindselig verhält. Die Menschen wollen Konflikte vermeiden, dabei sind es doch gerade die Konflikte, an denen man wächst, wenn man sie akzeptiert und lebt.

Im Vertrauen auf meine praktische Erfahrung als Psychoanalytikerin stelle ich hier eine Behauptung auf, die völlig im Gegensatz zu dem steht, was jedermann für gut und richtig hält. Was ich hier sage, ist subversiv im Verhältnis zu der weitverbreiteten Gewohnheit, sich so zu verhalten, daß es möglichst wenig »Theater« gibt. Aber dieses »Theater«, das man als Kind nicht macht, all das, was man nicht sagen und leben konnte, das tritt dann später als Drama wieder zutage.

Und auch die Eltern müssen vor dem Kind die Verantwortung dafür übernehmen, daß sie keine Ideal-Eltern sind, daß sie eben tun, was sie können.

Es wäre übrigens auch wichtig, daß die Kinder vom Richter ein paar Sätze über ihre kindlichen Pflichten gesagt bekommen: daß es nämlich ihre Aufgabe ist, eine persönliche Beziehung zu ihren beiden Herkunftsfamilien, zu Großeltern, Onkeln, Tanten, Vettern und Basen zu entwickeln.

Warum muß es denn der Richter sein, der dem Kind klarmacht, daß es an ihm ist, sein Leben in die Hand zu nehmen?

Meiner Meinung nach gehört das zu den Obliegenheiten des Richters, weil er als Außenstehender die Eltern in die Verantwortung nimmt: sie sind ja nicht nur vor dem geschriebenen Gesetz verantwortlich, sondern tragen auch als Eltern Verantwortung. Ich möchte noch hinzufügen, daß das vor allem deshalb Sache des Richters ist, weil er, der ja selbst auch das Gesetz befolgen muß (auch ein Richter kann nicht machen, was er will, auch er muß, wie wir alle, das Gesetz befolgen), hier in der Situation vor Gericht den Leuten das Gesetz vermitteln muß. Andererseits kann er seine persönliche Einschätzung der Lage in seine Entscheidungen einbeziehen. Deshalb ist er derjenige, der dem Kind sagen muß: »Angesichts der vorhandenen Möglichkeiten (der Vater oder die Mutter besitzt vielleicht eine Eigentumswohnung) und angesichts der Tatsache, daß du bisher in diesem Stadtteil gewohnt hast und weil dein Vater (oder deine Mutter) das Sorgerecht für dich beantragt hat, habe ich entschieden, deinem Vater (oder deiner Mutter) das Sorgerecht für dich zuzusprechen. Ich habe dabei berücksichtigt, daß in deinem Alter die Freunde und die Schule sehr wichtig sind. Ich sage nicht, daß ich mit meiner Entscheidung recht habe, aber ich habe sie erst getroffen, nachdem ich alles so gut wie möglich gegeneinander abgewogen habe. Ich denke, ich habe mich von dem Gedanken leiten lassen, was am wenigsten schlecht für dich ist.«

So müßte meiner Meinung nach der Richter zum Kind sprechen, denn mit diesen Worten gibt er die Gründe für seine Entscheidung an und bezieht sich gleichzeitig auf das Gesetz, das er anwendet. Dem Kind muß klarwerden, daß der Richter das Gesetz nicht macht und daß er auch nicht willkürlich entscheidet. Der Richter ist in doppelter Hinsicht festgelegt: zum einen durch das Gesetz und zum anderen durch die jeweilige Situation. Er ergreift eine Maßnahme, die das Kind vielleicht nicht gewollt hätte, die jedoch nach Meinung des Richters für das Kind und seine Entwicklung am günstigsten ist.

Natürlich spinnen Eltern und Kinder immer alle möglichen Phantasien um die Person des Richters; sie stellen sich vor, er genieße seine Situation. Wenn einer der Eltern mit der Entscheidung nicht zufrieden ist, schiebt er das auf den »schlechten Richter«. Das hängt damit zusammen, daß die Eltern nicht begriffen haben, daß auch der Richter unter dieser »Kastration«, dieser Beschneidung unangemessener Wünsche leidet. Einerseits muß er das Gesetz befolgen und andererseits mit den Eltern zusammen beurteilen, was dem Kind am wenigsten schadet; dabei muß er immer auch die Realität und die Praxis im Auge behalten, wie sie ihm von den Eltern geschildert wird.

Deshalb denke ich, daß es besser ist, wenn der Richter mit dem Kind spricht. Er braucht ihm nur wenige Worte zu sagen und kann dann gleich hinzufügen: »Meine Mitarbeiterin wird dir und deinen Eltern im einzelnen erklären, was ich gesagt habe. Und sie wird auch alle Fragen beantworten.« Diese Mitarbeiterin kann dann eine speziell für diese Aufgabe geschulte Psychologin sein.

Freilich, die Eltern fühlen sich immer von der Entscheidung des Richters frustriert. Aber ich glaube, daß eine sauber durchgeführte und als heilsam erlebte Scheidung immer dahingeht, daß alle Beteiligten etwas aufgeben müssen; das heißt: eine Scheidung kann als heilsam angesehen werden, wenn niemand besondere Vorteile davon hat.

Leider wird bei der Urteilsverkündung nicht ausdrücklich darauf hingewiesen, daß auch der Richter dem Gesetz untersteht. Den Eltern ist das zwar bekannt, doch sprechen sie nicht mit dem Kind darüber, und so erfährt das Kind nichts von der

Kastration, die darin liegt, daß alle Beteiligten sich dem Gesetz unterwerfen. Statt dessen hören die Kinder, wie die Eltern im Vorfeld der Urteilsverkündung über die Person des Richters diskutieren: »Dieser Richter, das ist einer, der . . .«, als ob das für die Urteilsfindung von Bedeutung wäre. Als ob der Richter seinen Urteilsspruch nach Lust und Laune fällte. Da wird gesagt, daß er keinen guten Charakter habe, daß er im Bett nichts tauge und was weiß ich noch für Dinge . . . vielleicht auch noch, daß er etwas gegen Frauen hat oder Männer nicht ausstehen kann.

Nicht wenige Familien leben in der geheimen Überzeugung, daß es der Richter ist, der das Gesetz macht. Deshalb ist es so wichtig, daß der Richter ausdrücklich verkündet, daß er das Gesetz nur anwendet, dem er, wie alle Bürger, unterworfen ist. Wichtig ist das für die Zukunft des Kindes, wenn man nämlich vermeiden will, daß es straffällig wird. Viele Menschen bilden sich immer noch ein, daß der Anteil der »Problemkinder«, die später straffällig werden, Kinder aus geschiedenen Ehen seien. Doch durch die Scheidung kommt das Gesetz in die Familie und kann da als Teil der Kastration erlebt werden, der alle – auch das Staatsoberhaupt – unterliegen.

Der Richter braucht also nur in ein paar Worten auszudrükken, daß er die Verantwortung für seine Entscheidung trägt, und kann es dann einer kompetenten Sozialarbeiterin oder Psychologin überlassen, dem Kind und den Eltern die Entscheidung zu erläutern, die im Rahmen der bestehenden Gesetze so getroffen wurde, wie es für alle Beteiligten am besten erschien, auch wenn man darüber im einzelnen noch streiten kann.

Du fändest es gut, wenn ein Kind, sobald es acht Jahre alt ist, so oft mit dem Familienrichter sprechen könnte, wie es das möchte?

Ja. Ich glaube, daß dadurch in vielen Fällen vermieden werden könnte, daß die Kinder strafbare Handlungen begehen – im schlimmsten Falle Selbstmord –, weil sie zutiefst unglücklich sind und keinen Ausweg sehen.

Die Kinder sollten darüber informiert werden, daß sie jederzeit an den Richter schreiben können und daß dieser sie dann sehr schnell vorladen kann.

Vielleicht nicht der Richter selbst, sondern jemand von seinen Mitarbeitern?

Jemand, der dem Kind im Namen des Richters zur Verfügung steht, so wie das Gesetz im Dienste der Bürger steht. Und ab dem achten Lebensjahr ist man meiner Meinung nach Bürger. Deshalb müßte es bei Gericht jemanden geben, der mit dem Kind spricht und es fragt: »Na, wo fehlt's denn, wo drückt dich der Schuh? Du möchtest mit mir reden? Ich stehe hier im Namen des Richters (oder der Richterin) und höre dich an.«

Der Richter vertritt das Gesetz. Aber bis zum heutigen Tage können die Kinder mit dem Gesetz nichts anfangen; es ist für sie allenfalls etwas, dessentwegen man »eingelocht« werden kann. Dabei ist das Gesetz doch gerade dazu da, die Freiheit des einzelnen zu schützen. Einen Heranwachsenden muß man darin unterstützen, daß er sich die Freiheit nimmt, über seine Situation nachzudenken und sich auszusprechen. Das heißt ja nicht, daß er nun sofort in eine andere Familie käme, wenn er sich über das, was in seiner Familie vorgeht beklagt; keinesfalls heißt es das. Aber er hat sich doch einmal aussprechen können und ist ernstgenommen worden als ein Bürger, der ein Recht hat zu denken; und so versinkt er nicht in dem Gefühl der Hoffnungslosigkeit und der Verlassenheit.

Er konnte sich zumindest bei jemandem aussprechen, der nicht in seine persönliche Geschichte verwickelt ist.

Genau. Und außerdem ist das ein Ansprechpartner, der unter Schweigepflicht steht; er wird sich also nicht einmischen und den Eltern weitererzählen, was er von dem Kind erfahren hat. Es ist wirklich nicht notwendig, daß ein Kind erst einmal Symptome entwickeln muß, mit denen es dann zum Psychoanalytiker gebracht wird, nur damit es einmal mit einem Dritten sprechen kann.

Von dem gesamten Scheidungsverfahren sind Eltern und

Kinder gleichermaßen betroffen, es ist so etwas wie ein »Echo« der familiären Situation. Und deshalb muß meiner Meinung nach gerade dieses Verfahren dem Kind die Möglichkeit bieten, mit einem Dritten zu sprechen. Wenn der Psychologe, der mit dem Richter zusammenarbeitet, feststellt, daß das Kind tatsächlich stärker gestört ist, als es von der Scheidungssituation her »normal« ist, dann steht es ihm immer noch frei, dem Kind zu sagen: »Du solltest den Erwachsenen, der das Sorgerecht für dich hat, bitten, mit dir zu einer Beratungsstelle oder zu einem Psychoanalytiker zu gehen.«

> Die Funktionen der Mitarbeiter des Richters wären demnach folgende: als Ansprechpartner zur Verfügung stehen, anhören, mit Erklärungen helfen oder, wenn nötig, an einen externen Psychologen überweisen.

Bei größeren Kindern geht es darum, ihnen in der schwierigen Situation der inneren Gespaltenheit, wie sie eine Scheidung mit sich bringt, beizustehen. Es sollte jemand für sie da sein, der sie ermutigt, ihr Leben selbst in die Hand zu nehmen; genau dies meinen wir, wenn wir in der Erziehung davon sprechen, daß wir die Kinder zur Autonomie führen wollen.

> Manchmal irren Heranwachsende um das Justizgebäude herum und trauen sich nicht hinein: sie möchten »da, wo das alles stattgefunden hat«, mit jemandem über die Folgen der Erschütterungen sprechen, die die Trennung der Eltern für ihr eigenes Leben hatte, aber sie wissen nicht, an wen sie sich wenden sollen.

Ich wußte nicht, daß es keine direkte Anlaufstelle für sie gibt. Aber es dürfte doch nicht allzu schwierig sein, den Pförtner zu fragen: »Gibt es hier eine Stelle oder einen Raum, wo jemand die Fragen von Jugendlichen beantwortet, deren Eltern sich getrennt haben?«

Bei einem gesunden Heranwachsenden ist ein solches Verhalten entwicklungsbedingt: es ist gut, noch einmal an die Orte der Kindheit zurückzukehren, wo sich entscheidende Dinge abgespielt haben. Die Adoleszenz bringt es mit sich, daß die Jugendlichen nach Erinnerungen an die Kindheit suchen, etwa nach dem Schmusebären oder nach Kinderfotos.

Wenn bei einer Scheidung das Kind das Streitobjekt ist und daraufhin Symptome einer gestörten Entwicklung zeigt, wird ja oft ein psychologisches Gutachten angefordert. Lassen sich denn die Worte eines Kindes in dieser Situation so ohne weiteres entschlüsseln?

Nein, so ohne weiteres nicht, aber versuchen kann man es immerhin. Man muß dem Kind erklären, warum die Eltern oder der Richter glauben, daß es Kummer hat, und ihm dann vorschlagen, den einen oder anderen Test zu machen. Unbedingt aber muß man dem Kind mitteilen, was bei dem Test herausgekommen ist, denn das ist zuerst einmal seine eigene Angelegenheit.

Normalerweise läuft das so ab: der Sachverständige schreibt seinen Bericht erst, nachdem er dem Kind alles Notwendige erklärt und mit ihm besprochen hat, was dem Richter mitgeteilt werden soll. Das Kind wird auch darüber informiert, daß das Testergebnis beiden Eltern zugestellt wird und daß ihre Anwälte dann darüber verhandeln.

Das Kind braucht vor allem einen Gesprächspartner, der nicht alles sofort auf die Goldwaage legt, sondern der Verständnis hat für das emotionale »Klima«, aus dem heraus die Worte des Kindes wie auch sein Handeln erwachsen. Was ein Kind sagt, darf nicht immer wörtlich genommen werden; man muß das hinter den Worten verborgene Bedürfnis entschlüsseln. Ich will das einmal an einem Beispiel verdeutlichen, das absichtlich nicht aus dem Umkreis der Scheidung stammt. Ein Kind weiß, daß sein Patenonkel, den es sehr gern hat, die Mutter am Nachmittag besuchen will. Nun kann es sein, daß das Kind seinen Patenonkel wiedersehen, zugleich aber verhindern will, daß die Mutter mit ihm flirtet, wobei nicht deutlich ist, ob der Grund dafür seine Liebe zum Onkel oder eine ödipale Eifersuchtsreaktion ist und das Kind am liebsten selbst an der Stelle des Patenonkels wäre. Und plötzlich bekommt das Kind Ohrenschmerzen oder Bauchweh, es sagt, daß es nicht spazierengehen will oder tut sonst irgend etwas, um den geplanten Spaziergang nicht machen zu müssen. Das hat nichts mit den Ohrenschmerzen oder dem Bauchweh zu tun, sondern nur damit, daß das Kind nicht will, daß die Mutter mit dem Patenonkel allein ist, wenn es nicht dabei ist.

In der Sprache der Kinder liegt eine Logik, mit der man vertraut sein muß, wenn man verstehen will, was sie sagen. Das gilt auch für alles, was ein Kind im Verlauf einer gutachterlichen Untersuchung äußert.

> In diesem ganzen langen Gespräch kam immer wieder zum Ausdruck, wie sehr es dir am Herzen liegt, das Kind, dieses in Entwicklung befindliche Subjekt, zu schützen, ihm zu helfen, seine Wurzeln und seine Identität auch dann zu bewahren, wenn die Eltern sich trennen und ihm dabei zu helfen, daß es sich strukturieren kann. Heißt dies »das Kind respektieren«?

Die Würde des Kindes respektieren heißt, ihm die Wahrheit sagen. Das betrifft auch die Ehe der Eltern: Das Kind muß die Wahrheit wissen über das, was die Eltern zusammenhält, wie auch über das, was zur Trennung führt. Kinder von getrennt lebenden Eltern sind oft besser dran, weil sie die Wahrheit erfahren, während Kinder, deren Eltern nur nach außen hin einig sind, nichts über die tatsächliche Situation ihrer Eltern wissen. Manchmal bleiben zwei Menschen zusammen, weil sie gern miteinander schlafen oder weil sie gemeinsamen Besitz haben oder weil sie beide so sehr an ihren Kindern hängen, daß sie sich nicht von ihnen trennen wollen. Diese Eltern sagen ihren Kindern nicht klar und unmißverständlich etwa dies: »Wir sind eigentlich kein Paar mehr, wir schlafen nicht mehr miteinander und fühlen uns auch nicht mehr zur körperlichen Treue verpflichtet, aber wir haben gemeinsam beschlossen, daß wir zusammenbleiben wollen, bis unser jüngstes Kind achtzehn Jahre alt ist.«

Das Menschenkind, das sich eine Familie ausgesucht hat, um zur Welt zu kommen, leidet, wenn es keine Erklärung für die spürbare Uneinigkeit der Eltern bekommt, wenn ihm nicht gesagt wird, daß die Ehe der Eltern gescheitert ist und daß das unvermeidlich war. Für die Würde des Kindes wie auch für die der Eltern ist es unabdingbar, daß die Eltern sagen, was sie tun und tun, was sie sagen.

Anhang

Die verschiedenen Scheidungsformen in Frankreich

Seit 1975* gibt es in Frankreich drei Arten von Scheidung, die sich ungefähr folgendermaßen einteilen lassen:

1. Scheidung im gegenseitigen Einvernehmen;
2. Scheidung wegen schuldhaften Verhaltens;
3. Scheidung nach Trennung.

1. Bei der *einverständlichen Scheidung* unterscheidet man:
   a) Die gemeinsam beantragte Scheidung. Diese setzt das Einverständnis beider Ehegatten zur Scheidung voraus, ebenso auch die einverständliche Regelung der Scheidungsfolgen sowohl in bezug auf die Kinder als auch für den eventuellen gemeinsamen Besitz. In diesem Fall muß kein Scheidungsgrund genannt werden. Die Ehegatten unterbreiten dem Familienrichter eine zeitweilige Vereinbarung, die bei der Versöhnungsverhandlung für gültig erklärt wird. Wird die Scheidung ausgesprochen, tritt eine endgültige Vereinbarung in Kraft, in der die Scheidungsfolgen geregelt werden; beide Vereinbarungen werden durch richterliche Bestätigung rechtskräftig. Die endgültige Vereinbarung legt fest, welche Entscheidungen die Eltern in bezug auf die Kinder getroffen haben: Die Eltern einigen sich über die Modalitäten der elterlichen Gewalt und setzen selbst die Höhe der Unterhaltszahlungen fest.

   Wird einem der Eltern die elterliche Gewalt (Erziehungsberechtigung) zugesprochen, dann ist der andere Elternteil nicht erziehungsberechtigt, hat jedoch ein Besuchsrecht, wobei sich die Ehegatten darüber einigen, wie oft und in welchen zeitlichen Abständen das Besuchsrecht

* Gemäß Art. 229–295 des Code civil français.

wahrgenommen werden kann. Außerdem hat der nicht erziehungsberechtigte Ehegatte ein Aufsichtsrecht. Haben beide Eltern die elterliche Gewalt (gemeinsames Sorgerecht), dann muß nur der ständige Wohnsitz des Kindes festgelegt werden. Eine Regelung des Besuchsrechts ist dann nicht erforderlich.

Nur ein Familienrichter hat die Befugnis, eine Ehe auf gemeinsamen Antrag der Ehegatten zu scheiden.

Bei diesem Scheidungsmodus wird in der Vereinbarung nicht von »Kindeswohl« gesprochen, wenn es um die Belange des Kindes geht, da davon ausgegangen werden kann, daß die Vereinbarung der Eltern im Interesse des Kindes getroffen wurde. Sind in der Vereinbarung keine grundlegenden Änderungen im Blick auf die Zukunft des Kindes vorgesehen, dann können nur schwerwiegende Gründe eine Revision bewirken.

Die Ehegatten können sich von einem gemeinsamen Anwalt vertreten lassen.

b) Scheidung auf Antrag eines Ehegatten, der vom anderen akzeptiert wird. Der Ehegatte, der die Scheidung wünscht, stellt einen entsprechenden Antrag und legt gleichzeitig ein Memorandum vor, in dem er die eheliche Situation beschreibt und Vorschläge für provisorische Maßnahmen unterbreitet. Diese Schriftstücke werden dem anderen Ehegatten zur Kenntnis gebracht, der entweder das Memorandum akzeptieren kann oder es ablehnen und dem Richter seine eigene Sicht der ehelichen Situation vorlegen kann. In beiden Fällen schlägt der Familienrichter eine Versöhnungsverhandlung vor, entscheidet über die provisorischen Maßnahmen und ermächtigt den antragstellenden Gatten, den anderen Ehegatten vor das Landgericht laden zu lassen. Dieses Gericht spricht dann die Scheidung aus und befindet definitiv über die Scheidungsfolgen (Zuerkennung der elterlichen Gewalt und Erziehungsbefugnis; Festsetzung der Unterhaltszahlung).

2. Bei einer *Scheidung wegen schuldhaften Verhaltens* müssen

die Ehegatten Gründe angeben. Sie müssen sich von zwei verschiedenen Anwälten vertreten lassen. Beide Eltern können Vorschläge zur Versorgung der Kinder einbringen, doch sind diese für das Gericht nicht bindend. Das Gericht entscheidet unabhängig, muß jedoch die Vorschläge der Eltern berücksichtigen; ebenso auch die Meinung der Kinder, sofern diese mindestens dreizehn Jahre alt sind. Das Gericht muß seine Entscheidung begründen; diese muß dem »Kindeswohl« entsprechen. In der Mehrzahl der Fälle wird die elterliche Gewalt nur von einem Elternteil ausgeübt, während dem nicht erziehungsberechtigten Elternteil ein Besuchs- und Aufsichtsrecht zugesprochen wird. In dem hypothetischen Fall einer gemeinsam ausgeübten elterlichen Gewalt legt das Gericht den ständigen Wohnsitz des Kindes fest.

3. *Scheidung nach einer Zeit der Trennung von Tisch und Bett.* Die Scheidung kann nach Ablauf von sechs Trennungsjahren beantragt werden.

*

Zusätzliche Anmerkungen: Ist die Scheidung – aus welchem Grund auch immer – ausgesprochen, dann ist allein der Familienrichter berechtigt, Änderungen an den Beschlüssen bezüglich der elterlichen Gewalt und der Unterhaltszahlungen vorzunehmen; dasselbe gilt für den Beschluß, das Kind einer dritten Person anzuvertrauen (Art. 247, Abs. 1 des Code civil français).

Bei Scheidung auf Verlangen eines Ehegatten im Einverständnis mit dem anderen Ehegatten, bei Scheidung wegen schuldhaften Verhaltens sowie bei Scheidung nach einer Zeit der Trennung von Tisch und Bett können die Eheleute, sofern sie sich darauf einigen können und auf gemeinsamen Wunsch jederzeit einen Antrag auf einverständliche Scheidung stellen. (Anmerkungen von Inès Angelino).

Anmerkungen

1 Dazu: F. Dolto: »Der Fall Agnes«: innerhalb weniger Tage Verlust des olfaktorischen Körperbildes; keine Widerstandskraft. In: *L'Image inconsciente du corps*. Paris (Ed. du Seuil) 1984, S. 66ff.; dt.: *Das unbewußte Bild des Körpers*. Weinheim (Quadriga) 1987. Und: »Der Fall Sebastian: Autismus mit fünf Monaten«; ebd. S. 238ff.

2 F. Dolto: *La Difficulté de vivre*. Paris (Carrère Editeur) 1986, S. 335.

3 F. Dolto: *Séminaire de psychanalyse d'enfants*, Bd. II. Paris (Ed. du Seuil) 1985, S. 139; dt.: *Fallstudien zur Kinderanalyse*. Stuttgart (Klett-Cotta) 1989.

4 Dazu: F. Dolto, *Dialogues québécois*. Paris (Ed. du Seuil) 1987, S. 139.

5 J.-M. Bonneville, »Le point de vue de l'enseignant«, Conférences du Comité national de l'enfance dans le cadre des Entretiens de Bichat, »L'enfant et l'instabilité du couple parental«; Gespräch vom 28. Sept. 1983; eine Veröffentlichung des CNE Paris, av. F. D. Roosevelt.

6 »La Garde des enfants du divorce«; publiziert vom Ministerium für Frauenfragen, Paris 1981, S. 32.

7 Dazu: F. Dolto: *La Cause des enfants*. Paris (Robert Laffont) Livre de poche, 1985, S. 376–385; dt.: *Mein Leben auf der Seite der Kinder – eine ungewöhnliche Therapeutin erzählt*. München (Kösel) 1989.

8 F. Dolto: »Que leur dire quand on divorce ...«, erschienen in *Le Nouvel Observateur*, Nr. 675 v. 17. Okt. 1977, S. 86–89.

9 Dazu: F. Dolto: *Solitude*. Paris (Vertiges-Carrère) 1985, S. 204.

10 »Loi Malhuret« (loi n° 87–570) v. 22. Juli 1985. Dieses Gesetz hat den Begriff »sorgeberechtigter Elternteil« bzw. »nicht sorgeberechtigter Elternteil« gestrichen und statt dessen den Begriff »Ausübung der elterlichen Gewalt« eingeführt: Einer der beiden Eltern hat die Ausübung der elterlichen Gewalt, sofern sich die Eltern über die gemeinsame Ausübung der elterlichen Gewalt nicht einigen können. In letzterem Fall, der bislang nur selten vorkommt, wird die elterliche Gewalt von beiden Eltern ausgeübt, und das Kind hat seinen ständigen Wohnsitz bei einem Elternteil.

Zur Zeit werden noch überwiegend die alten Begriffe »sorgeberechtigter« bzw. »nicht sorgeberechtigter Elternteil« verwendet. In diesem Buch betont F. Dolto, daß die gesamte Scheidungsterminologie eine Erwachsenenterminologie ist, die keinen Bezug zu dem hat, was das Kind vor und nach der Trennung seiner Eltern und dem Wegzug eines Elternteils erlebt. Juristisch gesehen schafft die Scheidung so etwas wie einen »ständigen Elternteil« und einen »nicht ständigen Elternteil«, der an bestimmten Tagen auftaucht, dann wieder verschwindet, um nach einiger Zeit wieder aufzutauchen. Diese Begriffe beziehen sich in keiner Weise auf die von den Kindern verinnerlichten Elternbilder und -funktionen, die F. Dolto im Verlauf ihrer klinischen Arbeit immer wieder ausmachen konnte. Sie hat sich stets gegen die Wendungen »sorgeberechtigt« und »nicht sorgeberechtigt« gewehrt und statt dessen lieber eine Umschreibung benutzt: »der Elternteil, der die Hauptzeit abdeckt« bzw. »der Elternteil, der die Nebenzeit abdeckt«. Da diese Umschreibung jedoch den Text sehr schwerfällig macht, habe ich sie daran erinnert, daß sie in einem ganz anderen Zusammenhang früher einmal den Begriff »ständiger« bzw. »nicht ständiger« Elternteil geschaffen hatte. Sie war damit einverstanden, diese Begriffe hier der Einfachheit halber wieder zu verwenden; sie sind daher nicht als Ausdruck eines neuen Konzepts zu verstehen (Anmerkung v. Inès Angelino).

11 Siehe vorige Anmerkung: »Loi Malhuret«.

12 Dazu: F. Dolto: *Tout est langage.* Paris (Vertiges-Carrère) 1987, S. 96; dt.: *Alles ist Sprache – Kindern mit Worten helfen.* Weinheim (Quadriga) 1989: Es gibt auch Väter, die ihr Baby aufziehen, sei es, weil sie ihren Beruf zu Hause ausüben oder arbeitslos sind oder an ihrer Doktorarbeit schreiben, während ihre Frau zur Arbeit außer Haus gehen muß und erst abends nach Hause kommt; einen solchen Vater nennt das Kind »Mama«, und seine Mutter wird zum »Papa«.

13 Juris-classeur civil, Paris, Editions techniques, 1987: *Scheidung und Scheidungsfolgen für die Kinder*, Bd. 8, 1982, Art. 286–295 des Code civil:

Elemente, die die Eltern betreffen: Umgebung. Sie kann förderlich sein (der Vater wird von seinen Eltern unterstützt) oder schädlich (nichteheliche Lebensgemeinschaft, falls nicht eine spätere Heirat geplant ist). Es wurde allerdings auch die Ansicht vertreten, »daß es für das Kind besser ist, bei einem Elternteil zu leben, der in einer Paarbeziehung lebt« (F. Dolto in *Le Monde* v. 4. April 1978).

Dies verdient Aufmerksamkeit, insofern es sich hier um einen der seltenen Fälle handelt, wo die Justiz die Ansicht eines Psychoanalytikers übernimmt; hier also die Auffassung von F. Dolto in der Frage »Scheidung und Kinder«.

14 J. Goldstein, A. Freud, A. Solnit: *Dans l'intérêt de l'enfant?* Paris (Ed. ESF) 1980, S. 44–45; dt.: *Jenseits des Kindeswohls.* Frankfurt (Suhrkamp) 1974.

15 Ebd. S. 45.

16 F. Dolto: *Solitude*, a. a. O. S. 202.

17 Internat. Kolloquium: »Das Scheidungskind und sein Vater«, 31. März bis 1. April 1978 in Paris, Pitié-Salpêtrière, S. 34.

18 Ebd. S. 9.

19 Zu der Arbeit mit Kindern in Kinderkrippen der Sozialfürsorge siehe F. Dolto: *La Cause des enfants*, a. a. O. S. 588–595; außerdem: *Séminaire de psychanalyse d'enfants*, Bd. II, a. a. O. S. 98–101; *Tout est langage*, a. a. O. S. 88–89; *Dialogues québécois*, a. a. O. S. 51–53, 107; *Solitude*, a. a. O. S. 162, 206–207; F. Dolto und J.-D. Nasio: *L'Enfant du miroir.*

Paris (Rivages psychanalyse) 1987, S. 67; *Enfants en souffrance,* a. a. O. S. 178–226; *Séminaire de psychanalyse d'enfants*, Bd. I, Paris (Ed. du Seuil) 1982, S. 135–136; dt.: *Praxis der Kinderanalyse.* Stuttgart (Klett-Cotta). 1985.

20 Dazu: H. Leridon, C. Gokalp in der Zeitschrift *Population et Société*, Nr. 220, Paris, Januar 1988.

21 *L'Image inconsciente du corps,* a. a. O. S. 225.

22 E. Roudinesco, F. Dolto: »Des jalons pour une histoire«. In: *Quelques Pas sur le chemin de F. Dolto.* Paris (Ed. du Seuil) 1988, S. 21.

23 Entscheidung des Kassationsgerichts vom 2. Mai 1984.

24 F. Dolto: »Le complexe d'Oedipe, ses étapes structurantes et leurs accidents«. In: *Au jeu du désir.* Paris (Ed. du Seuil) coll. »Points«, S. 194–244; dt.: »Die strukturierenden Phasen des Ödipuskomplexes und dabei auftretende Störungen«. In: *Über das Begehren.* Stuttgart (Klett-Cotta) 1988.

25 Siehe F. Dolto: *Praxis der Kinderanalyse* a. a. O.: »Bei Mittelohrentzündung sind viele Kinderärzte der Meinung, daß die Kinder sie häufig bekommen, um gewisse Worte nicht zu hören. Wenn es möglich ist, in die Vergangenheit zurückzugehen, stoßen wir häufig auf Worte, die das kleine Wesen tief in seiner liebenden Struktur getroffen haben; zu diesem Zeitpunkt hätten diese Worte zu einem Konflikt mit dem geliebten Wesen führen können.«

26 F. Dolto: *Alles ist Sprache,* a. a. O. S. 96–98.

27 C. Bonjean: »Scheidung – die Hälfte der Kinder vergißt den Vater«. In: *Le Point,* Nr. 800 v. 18. Januar 1988, S. 59.

28 Siehe F. Dolto: *Fallstudien zur Kinderanalyse,* a. a. O. S. 101–105: »Ein pseudo-debiles Mädchen«.

29 Siehe F. Dolto: *Solitude,* a. a. O. S. 211: »Kinder haben immer intuitiv erfaßt, daß zwischen sexuellen Beziehungen und Fruchtbarkeit ein Zusammenhang besteht. Ich frage mich, wie das jetzt wird, wo sie über Abtreibung und Geburtenverhütung Bescheid wissen. Ich habe keine Ahnung, ob dieses Wissen seinen Niederschlag in den unbewußten Phantasien finden wird oder ob die Phantasien sich an den Möglichkeiten der Realität ausrichten werden (. . .). In fünfzehn Jahren werden wir in den freien Assoziationen und den Träumen der Heranwachsenden die Folgen sehen.«

30 Internat. Kolloquium: »Das Scheidungskind und sein Vater«, a. a. O. S. 26.

31 F. Dolto: *Solitude,* a. a. O. S. 316; *Über das Begehren,* a. a. O. S. 208–209; Vorwort zu Maud Mannoni: *Le Premier Rendez-vous avec le Psychanalyste.* Paris (Gonthier) 1965, S. 27.

32 J.-J. Guillarmé, Ph. Fuguet: *Les Parents, le Divorce et l'Enfant.* Paris (Editions sociales françaises) 1985, S. 87 und 89.

33 Vierte Jahresstatistik des Justizministeriums: *Zivilprozesse 1984–1985:* Paris, La Documentation française, 1987, S. 83.

Scheidungsfälle und Antragsteller
(Entwicklung 1976–1985)

a) **1976**
Scheidung beantragt von:

Scheidungsart	insges.	Ehemann	Ehefrau
Gesamt	**100,0**	**32,9**	**67,1**
Antrag v. Partner akzeptiert	100,0	39,8	60,2
Schuldhaftes Verhalten	100,0	30,4	69,6
Scheidung wegen Trennung von Tisch und Bett	100,0	71,3	28,7

b) **1985**
Scheidung beantragt von:

Scheidungsart	insges.	Ehemann	Ehefrau
Gesamt	**100,0**	**26,5**	**73,5**
Antrag v. Partner akzeptiert	100,0	32,0	68,0
Schuldhaftes Verhalten	100,0	24,4	75,6
Scheidung wegen Trennung von Tisch und Bett	100,0	54,9	45,1

Zwar wird bei einvernehmlicher Scheidung der Antrag gemeinsam gestellt und entspricht einer gemeinsamen Initiative, doch ging der Entschluß zur Scheidung in vielen Fällen wahrscheinlich von einem Ehegatten aus, und die Zustimmung des anderen kam erst später*. Das tradionelle Übergewicht der Frauen unter den Antragstellern läßt den Schluß zu, daß die Initiative zur Scheidung mehrheitlich von der Frau ausgeht.

* (»Tatsächlich muß man nur die endgültige Vereinbarung etwas näher unter die Lupe nehmen, um anhand der ungleichen Verteilung der Güter festzustellen, daß einer der Scheidungswilligen dem anderen die Scheidung ›verkauft‹ hat. Man kann sich dann leicht vorstellen, daß der, der die Scheidung ›kauft‹, der eigentliche Initiator ist.« Dominique Coujard: »Le divorce vers une nouvelle morale«, *Informations sociales*, n° 7, 1982.)

34 Siehe dazu besonders: *Das unbewußte Bild des Körpers*, a. a. O., Kapitel 2: »Die Körperbilder und ihr Schicksal: die Kastrationen«, sowie Kapitel 3.

35 Siehe dazu: *Journal des psychologues*, n° 25: »L'Enfant et son corps«, Marseille, März 1985.: »Frage: Glauben Sie, daß man vorbeugende Maßnahmen gegen die Probleme der frühen Kindheit treffen kann? F. Dolto: Ja, sicher, und mit der Einrichtung des ›Grünen Hauses‹ versuche ich, dazu meinen Beitrag zu leisten. Das ›Grüne Haus‹ ist ein Aufenthalts- und Spielort für Kin-

der von null bis drei Jahren und ihre Eltern. Die Kinder unter zwei Monaten bereiten wir auf die Krippe vor, die etwas älteren auf den Kindergarten und die zweijährigen auf die Vorschule. Man muß das Kind auf seinen Eintritt in die Gesellschaft vorbereiten und zwar zusammen mit den Eltern inmitten anderer Kinder seines Alters. Wir kümmern uns heute um unsere kleinen Bürger nur, wenn sie ohne ihre Eltern in eine Institution kommen, das heißt, ohne die Menschen, die ihnen Sicherheit und Identitätsgefühl vermitteln. Sie wissen noch nicht einmal, wer sie sind, und schon müssen sie in die Krippe. Wenn sie ein paarmal ins ›Grüne Haus‹ gekommen sind und dort in Gesellschaft von einem Dutzend anderer Kinder waren, dann ist das ganz anders. Wir sprechen nämlich mit dem Kind über alles, was die Mutter sagt. Wir heißen den kleinen Bürger willkommen und behandeln ihn wie einen wichtigen Gesprächspartner. Wir sprechen seinen Namen aus, sein Alter, sein Geschlecht. Wir tadeln ein Kind nie, wenn es auf ein anderes losgeht. Wenn etwas kaputtgeht, machen wir dem Kind klar, daß das nicht dasselbe ist wie zerstören oder zerbrechen.«

Siehe dazu auch: F. Dolto, D. Rapoport, B. This, R. Clément: »La boutique verte«. In: *Enfants en souffrance.* Paris (Stock) coll. »Pernoud«, 1981, S. 137–155; F. Dolto: *Zwiesprache von Mutter und Kind – die emotionale Bedeutung der Sprache.* München (Kösel) 1988: »Image de soi dans le miroir, lecture et écriture. In: *Le Bloc-notes de la psychanalyse«*, n° 7, Genève 1987, S. 223–238; *Solitude*, a. a. O. S. 215; »La Maison verte«. In: *Esquisses psychanalytiques*, n° 5, Frühjahr 1986, veröffentlicht vom psychoanalytischen Forschungs- und Ausbildungszentrum.

36 F. Dolto: *Das unbewußte Bild des Körpers*, a. a. .O. S. 330.

37 F. Dolto: *Le Cas Dominique.* Paris (Ed. du Seuil) 1971, S. 25. Dt.: Der Fall Dominique. Frankfurt (Suhrkamp) 1989.

38 F. Dolto: *Zwiesprache von Mutter und Kind*, a. a. .O. S. 380.

39 Siehe dazu F. Dolto: *Dialoques québécois*, a. a. .O. S. 214.

40 F. Dolto: *Zwiesprache von Mutter und Kind*, a. a. .O. S. 338.

41 Dazu: F. Dolto: *Das unbewußte Bild des Körpers*, a. a. .O. S. 182–183.

42 Runderlaß Nr. 73–131 v. 9. März 1973, BOEN Nr. 12, 22. März 1973; Runderlaß Nr. 76–080 v. 19. Februar 1976, BO Nr. 11, 18. März 1975.

43 Dänisches Gesetz Nr. 256 vom 4. Juni 1969.

44 Code civil, Artikel 286 und 371 f.

45 Code civil, Artikel 291: »Die Beschlüsse über die Ausübung der elterlichen Gewalt können jederzeit auf Antrag eines Ehegatten, eines Familienmitgliedes oder des Ministeriums vom Richter geändert oder vervollständigt werden (. . .)«

Artikel 292: »Im Fall der einverständlichen Scheidung auf gemeinsamen Antrag können die vom Richter für rechtskräftig erklärten Verfügungen über die Ausübung der elterlichen Gewalt auf Antrag eines der Gatten oder des Ministeriums bei Vorliegen schwerwiegender Gründe revidiert werden.«

46 Code civil, Artikel 375: »Wenn die Gesundheit, die Sicherheit oder die moralische Haltung eines abhängigen Minderjährigen gefährdet sind oder wenn die Voraussetzungen für seine Erziehung nicht mehr gegeben sind, können auf gemeinsamen Antrag des Vaters oder der Mutter oder eines Elternteils oder eines Pflegers oder Vormundes oder des Minderjährigen selbst oder des Ministeriums gerichtliche Erziehungsmaßnahmen angeordnet werden. Der Richter kann ausnahmsweise die Sache offiziell in die Hand nehmen, und die Maßnahmen können gleichzeitig für mehrere Kinder angeordnet werden, die der gleichen elterlichen Gewalt unterstehen.«

47 Aufzeichnung eines Gesprächs, das 1969 zwischen Dr. X und einer jungen Hörerin geführt wurde.

SOS Psychoanalytiker, Dr. X et Aida Vásquez. Paris (Ed. de Fleurus) 1976, S. 348–349: Der Dr. X war ich, doch durfte diese Sendung, die bei Kindern und Jugendlichen außerordentlich beliebt war, nicht mit dem Namen eines Arztes in Verbindung gebracht werden. Was hier anonym über die Radiowellen gesagt wurde, wurde Eigentum dessen, der es mitschnitt. Eine Gruppe von Erziehern hat diese Sendungen aufgenommen und dann daraus ein Buch gemacht. Seither sind wir ein gutes Stück weitergekommen, denn heute dürfen alle Ärzte in ihrem Namen im Radio sprechen, ohne auf Widerstand zu stoßen, nicht einmal von seiten der Standesorganisation! (Anmerkung von F. Dolto).

48 Code civil, Artikel 290: »3. Von Kindern geäußerte Gefühle: Kinder unter dreizehn werden nur angehört, wenn ihre Anhörung notwendig erscheint und nicht mit Unannehmlichkeiten für sie verbunden ist; eine Anhörung von Kindern über dreizehn darf nur in besonders begründeten Fällen abgelehnt werden (...)«

Konzepte der Humanwissenschaften

Die 100 Bücher für die Sozial- und Erziehungsberufe

Standardwerke der Psychologie

Albert Bandura
Sozial-kognitive Lerntheorie

D. E. Berlyne
Konflikt, Erregung, Neugier
Zur Psychologie der kognitiven Motivation.

Urie Bronfenbrenner
Ökologische Sozialisationsforschung

George A. Miller, Eugene Galanter, Karl H. Pribram
Strategien des Handelns
Pläne und Strukturen des Verhaltens.

Ulric Neisser
Kognitive Psychologie

Kurt Pawlik (Hrsg.)
Diagnose der Diagnostik
Beiträge zur Diskussion der psychologischen Diagnostik in der Verhaltensmodifikation.

Jean Piaget
Biologische Anpassung und Psychologie der Intelligenz

Walter J. Schraml
Einführung in die moderne Entwicklungspsychologie
Für Pädagogen und Sozialpädagogen.

Entwicklungspsychologie/Kinderanalyse/Kinder- und Jugendlichen-psychotherapie

Helen I. Bachmann
Malen als Lebensspur
Die Entwicklung kreativer bildlicher Darstellung.

Bruno Bettelheim
Liebe allein genügt nicht

Bruno Bettelheim
So können sie nicht leben

Peter Blos
Adoleszenz
Eine psychoanalytische Interpretation.

John Bowlby
Das Glück und die Trauer
Herstellung und Lösung affektiver Bindungen.

Madeleine Davis, David Wallbridge
Eine Einführung in das Werk von D.W. Winnicott

Françoise Dolto
Praxis der Kinderanalyse

Mia Kellmer Pringle
Was Kinder brauchen

Evelyne Kestemberg, u. a.
Schauplatz Familie
Psychoanalytiker beobachten frühe Mutter-Kind-Beziehungen im Alltag.

Rosine und Robert Lefort
Die Geburt des Anderen
Bericht einer Kinderanalyse aus der Lacan-Schule.

Ashley Montagu
Körperkontakt
Die Bedeutung der Haut für die Entwicklung des Menschen.

Violet Oaklander
Gestalttherapie mit Kindern und Jugendlichen

René A. Spitz
Vom Dialog
Studien über den Ursprung der menschlichen Kommunikation.

D.W. Winnicott
Piggle
Eine Kinderanalyse.

D.W. Winnicott
Vom Spiel zur Kreativität

D.W. Winnicott
Aggression
Versagen der Umwelt und antisoziale Tendenz.

Elizabeth R. Zetzel
Die Fähigkeit zu emotionalem Wachstum

Michel Zlotowicz
Warum haben Kinder Angst?

Psychoanalyse

Michael Balint, Enid Balint
Psychotherapeutische Techniken in der Medizin

Gertrude und Rubin Blanck
Angewandte Ich-Psychologie

Gertrude und Rubin Blanck
Ich-Psychologie II

Rubin und Gertrude Blanck
Ehe und seelische Entwicklung

Luc Ciompi
Affektlogik
Über die Struktur der Psyche und ihre Entwicklung. Ein Beitrag zur Schizophrenieforschung.

Peter Fürstenau
Zur Theorie psychoanalytischer Praxis

Heinz Hartmann
Psychoanalyse und moralische Werte

James Masterson
Psychotherapie bei Borderline-Patienten

Michael Lukas Moeller
Anders helfen
Selbsthilfegruppen und Fachleute arbeiten zusammen.

Wolf-Detlef Rost
Psychoanalyse des Alkoholismus
Theorie, Diagnostik, Behandlung.

Joseph Sandler, Christopher Dare, Alex Holder
Die Grundbegriffe der psychoanalytischen Therapie

Elaine V. Siegel
Tanztherapie
Ein psychoanalytisches Konzept.

Paul L. Wachtel
Psychoanalyse und Verhaltenstherapie
Ein Plädoyer für ihre Integration.

D.W. Winnicott
Bruchstück einer Psychoanalyse

Neue Therapien/ Humanistische Psychologie/ Transpersonale Psychologie

Anthony Barton
Freud, Jung, Rogers. Drei Systeme der Psychotherapie

Ruth C. Cohn
Von der Psychoanalyse zur themenzentrierten Interaktion
Von der Behandlung einzelner zu einer Pädagogik für alle.

Rudolf Dreikurs
Grundbegriffe der Individualpsychologie

Gerald Epstein
Wachtraumtherapie

Meine Stimme begleitet Sie überallhin
Ein Lehrseminar mit Milton H. Erickson, hrsg. von Jeffrey K. Zeig.

Mary McClure Goulding und Robert L. Goulding
Neuentscheidung
Ein Modell der Psychotherapie.

John Grinder, Richard Bandler
Therapie in Trance
Hypnose: Kommunikation mit dem Unbewußten. Neurolinguistische Programme.

Stanislav Grof
Topographie des Unbewußten
LSD im Dienst der tiefenpsychologischen Forschung.

Stanislav Grof, Joan Halifax
Die Begegnung mit dem Tod

Stanislav Grof
LSD-Psychotherapie

Diana Sullivan Everstine,
Louis Everstine
Krisentherapie

Hildegard Katschnig/
Esther Wanschura
Familientherapie in den Ferien

Frederick S. Perls
Gestalt-Therapie in Aktion

Frederick S. Perls
Das Ich, der Hunger und die Aggression
Die Anfänge der Gestalt-Therapie.

Frederick S. Perls,
Ralph F. Hefferline, Paul Goodman
Gestalt-Therapie. Lebensfreude und Persönlichkeitsentfaltung

Frederick S. Perls,
Ralph F. Hefferline, Paul Goodman
Gestalt-Therapie. Wiederbelebung des Selbst

Diane und Albert Pesso
Dramaturgie des Unbewußten
Eine Einführung in die psychomotorische Therapie.

Mary Priestley
Analytische Musiktherapie
Vorlesungen am Gemeinschaftskrankenhaus Herdecke.

Carl R. Rogers
Entwicklung der Persönlichkeit
Psychotherapie aus der Sicht eines Therapeuten.

Carl R. Rogers, Rachel L. Rosenberg
Die Person als Mittelpunkt der Wirklichkeit

Carl R. Rogers
Der neue Mensch

Ruth Ronall, Bud Feder
Gestaltgruppen

Anne Schützenberger
Einführung in das Rollenspiel
Anwendungen in Sozialarbeit, Wirtschaft, Erziehung und Psychotherapie.

Charles T. Tart
Das Übersinnliche
Forschungen über einen Grenzbereich psychischen Erlebens.

Lewis Yablonsky
Psychodrama

Lewis Yablonsky
Synanon
Selbsthilfe der Süchtigen und Kriminellen.

Texte zur Familiendynamik

Maurizio Andolfi, u. a.
Das Spiel in der Maske
Therapeutischer Wandel in rigiden Familiensystemen.

Ivan Boszormenyi-Nagy,
Geraldine M. Spark
Unsichtbare Bindungen

Josef Duss-von Werdt,
Rosemarie Welter-Enderlin (Hrsg.)
Der Familienmensch
Systemisches Denken und Handeln.

Theodore Lidz, Stephen Fleck
Die Familienumwelt der Schizophrenen

Salvador Minuchin, u. a.
Psychosomatische Krankheiten in der Familie

M. Selvini Palazzoli, u. a.
Paradoxon und Gegenparadoxon
Ein neues Therapiemodell für die Familie mit schizophrener Störung.

Mara Selvini Palazzoli
Magersucht

Helm Stierlin
Von der Psychoanalyse zur Familientherapie

Helm Stierlin, u. a.
Das erste Familiengespräch

Michael Wirsching, Helm Stierlin
Krankheit und Familie

Sozialarbeit

Martin Bonhoeffer,
Peter Widemann (Hrsg.)
Kinder in Ersatzfamilien

Arthur W. Combs, u. a.
Die helfenden Berufe

Helga Kaminski, Walter Kast,
Anne Dore Spellenberg
Das Leben Geistigbehinderter im Heim

Helmut Ortner, Reinhard Wetter
Sozialarbeit ohne Mauern
Anstöße zu einer „befreienden“ Gefangenenarbeit.

Isca Salzberger-Wittenberg
Die Psychoanalyse in der Sozialarbeit

Harald Hottelet, u. a.
Offensive Jugendhilfe

Angewandte Sozialwissenschaften

Mihaly Csikszentmihalyi
Das flow-Erlebnis
Jenseits von Angst und Langeweile: im Tun aufgehen.

Adolf M. Däumling, u. a.
Angewandte Gruppendynamik

Gerhard Kaminski (Hrsg.)
Umweltpsychologie

Lisl Klein
Sozialwissenschaftliche Beratung in der Wirtschaft
Eine Einzelfallstudie.

Lothar Krappmann
Soziologische Dimensionen der Identität

Joseph Luft
Einführung in die Gruppendynamik

Max Pagès
Das affektive Leben der Gruppen
Eine Theorie der menschlichen Beziehungen.

Albert E. Scheflen
Körpersprache und soziale Ordnung

Hugo Schmale
Psychologie der Arbeit

Mara Selvini Palazzoli u. a.
Hinter den Kulissen der Organisation

Mara Selvini Palazzoli u. a.
Der entzauberte Magier
Zur paradoxen Situation des Schulpsychologen.

Burkhard Sievers (Hrsg.)
Organisationsentwicklung als Problem

Manès Sperber
Individuum und Gemeinschaft
Versuch einer sozialen Charakterologie.

Rolf Verres, Ingrid Sobez
Ärger, Aggression und soziale Kompetenz
Zur konstruktiven Veränderung destruktiven Verhaltens.

Gunnar Westerlund, Sven-Erik Sjöstrand
Organisationsmythen

Pädagogik/Sonderpädagogik/Pädagogische Modelle

Christoph Ertle, Andreas Möckel (Hrsg.)
Fälle und Unfälle der Erziehung

Kurt Guss
Psychologie als Erziehungswissenschaft
Eine theorienkritische Untersuchung des Themas Lohn und Strafe.

Gerhild Heuer
Selbstmord bei Kindern und Jugendlichen

Erhard Meueler
Erwachsene lernen

Reinhilt Plinke, Inga und Herbert Sell
Erziehung in der Pflegefamilie

Paul Scheid, Herbert Weidlich (Hrsg.)
Beiträge zur Montessori-Pädagogik 1977

Peter Schneider
Einführung in die Waldorfpädagogik

Myrna B. Shure, George Spivack
Probleme lösen im Gespräch
Erziehung als Hilfe zur Selbsthilfe.

Willem ter Horst
Einführung in die Orthopädagogik

Reinhard Voß
Anpassung auf Rezept
Die fortschreitende Medizinisierung auffälligen Verhaltens von Kindern und Jugendlichen.